民营银行
发展与创新实践

THE DEVELOPMENT
AND INNOVATION PRACTICE OF
CHINA'S PRIVATE BANK

北京大成企业研究院 编著

中华工商联合出版社

图书在版编目(CIP)数据

民营银行发展与创新实践/北京大成企业研究院编著. -- 北京：中华工商联合出版社，2020.12
　　ISBN 978-7-5158-2892-3

Ⅰ.①民　Ⅱ.①北…　Ⅲ.①私营经济-银行发展-研究-中国　Ⅳ.①F832.39

中国版本图书馆CIP数据核字(2021)第063384号

民营银行发展与创新实践

作　　者：	北京大成企业研究院
出 品 人：	李　梁
责任编辑：	李红霞　孟　丹
装帧设计：	周　琼
责任审读：	李　征
责任印制：	迈致红
出版发行：	中华工商联合出版社有限责任公司
印　　刷：	北京毅峰迅捷印刷有限公司
版　　次：	2021年6月第1版
印　　次：	2021年6月第1次印刷
开　　本：	710mm×1000mm　1/16
字　　数：	189千字
印　　张：	12.25
书　　号：	ISBN 978-7-5158-2892-3
定　　价：	79.00元

服务热线：010－58301130－0（前台）
销售热线：010－58302977（网店部）
　　　　　010－58302166（门店部）
　　　　　010－58302837（馆配部、新媒体部）
　　　　　010－58302813（团购部）
地址邮编：北京市西城区西环广场A座
　　　　　19－20层，100044
http://www.chgslcbs.cn
投稿热线：010－58302907（总编室）
投稿邮箱：1621239583@qq.com

工商联版图书
版权所有　侵权必究

凡本社图书出现印装质量问题，请与印务部联系。
联系电话：010－58302915

北京大成企业研究院
"我国民营银行发展情况调查研究"课题组

课题指导　谢伯阳　张承惠

课题组长　欧阳晓明

课题副组长　徐鹏飞

课题组成员　欧阳晓明　陈永杰　刘琦波

　　　　　　徐鹏飞　张丽华　葛佳意

北京大成企业研究院简介

北京大成企业研究院是一家独立研究机构，2014年创立，主要关注中国民营经济发展战略性、前瞻性和实效性问题。研究院由第十、十一届全国政协副主席，全国工商联原主席黄孟复先生和中央统战部原副部长胡德平先生倡导创办。以研究院为平台，聚集一批有思想、有成就、有责任感的企业家，以在经济第一线企业的视角和思维方式，联合有理论造诣的专家学者，从理论到实践研究中国民营经济发展情况，对经济社会发展提出政策建议，为推进我国全面深化改革提供智慧。

北京大成企业研究院的理事会主要由企业家组成，执行团队中有长期从事宏观政策、民营经济和企业战略研究的专家，有长期从事工商联工作经验丰富的专家，有长期在政府部门工作的前官员。研究院在研究课题、政策建议、联络企业家及组织活动等方面具有较大的优势。

Introduction of Dacheng Enterprise Institute (DEI)

Dacheng Enterprise Institute (DEI) is an independent research institute that was sparked and founded by Mr. Huang Mengfu and Mr Hu De Ping in the year of 2014. Huang is the Vice-Chair of the 10th and 11th CPPCC (Chinese People's Political Consultative Conference) and Former Chairman of ACFIC (All-China Federation of Industry and Commerce). Hu is the Former Vice Minister of United Front Work Department of CPC Central Committee.

DEI is mainly focused on studying strategy, prospect and effectiveness in the development of China's private economy. As a research institute, DEI gathers a group of resourceful, respectful and experienced entrepreneurs, along with numerous accomplished specialists and scholars. They are committed to study China's private economic both theoretically and practically. The aim of Dacheng Enterprise Institute is to provide political suggestions in relation to the reform of the economic system and the modernization of state governance.

The Committee of DEI is composed of experienced entrepreneurs; and the Executive Team of DEI consists of not only specialists who have long been engaged in the fields of macro policy, private economy and corporate strategies, but also ACFIC professors and former officers who are rich in relevant experiences. Therefore, Dacheng Enterprise Institute is endowed with great advantages in subject research, policy proposal, interaction among entrepreneurs and seminar organisation.

前　言

支持民营企业发起和设立民营银行，是我国金融体制改革的重大举措，具有开创意义，民营银行填补了传统银行服务的盲区和空白，具有鲶鱼效应。民营银行试点工作于2014年3月启动，首批试点包括微众银行、金城银行、民商银行、华瑞银行和浙江网商银行共5家民营银行。2015年6月，银监会出台《关于促进民营银行发展的指导意见》，标志着民营银行进入了常态化设立阶段。截至目前，我国已有19家民营银行开业运营。多家民营银行在优秀民营企业股东的支持下，充分发挥民营机制优势，根据市场变化和客户需求，以战略创新、模式创新、技术创新为突破口，在践行普惠金融，服务小微、"三农"等实体经济，推动银行业数字化转型，以及探索强化风险防控新体系等方面表现亮眼，取得了显著成绩。

一是经营情况总体良好，多数实现高速增长。从总体上看，民营银行的资产规模、贷款规模、营收和利润等均实现了快速增长。截至2019年年底，17家民营银行总资产达到9 076.7亿元，贷款总额4 532.6亿元。除两家新成立的银行外，其他17家银行都已实现盈利。民营银行的资产质量普遍优良，不良贷款率、资本充足率等符合监管要求。根据2019年中国银保监会发布的主要监管指标，与其他类型银行比较，民营银行均处于较好的水平。

二是民营银行是我国普惠金融的生力军，专注于解决小微企业和长尾客户融资的难点和痛点问题，为传统银行模式下很难得到正规金融服务的群体提供了以纯信用为主、成本相对较低、灵活便利的金融服务。作为庞大的银行体系中的后来者，不论是设立的初衷、目标客户的选择、市场竞争的需要，还是其自身特点与优势，都决定了它必须以普惠金融作为主要战略方向，与传统银行错位发展。民营银行专注于解决传统模式下小微企业和长尾客户融资难点和痛点问题，民营互联网银行积极运用大数据风控体系，小微企业不用担保和抵押，凭借信用就能得到贷款；贷款业务实现全流程数据化、自动化、全线上运行，企业可以根据资金用途自主安排、随借随还、按日计息，满足了广大民营小微企业"短、小、频、急"的真实资金需求；民营银行信贷管理灵活高效，尽管以年化计算利率略高，但是更贴近企业需求，消除了隐性成本，切实降低了小微企业融资成本。

三是民营银行是数字普惠金融新模式、新范式创新的引领者。民营银行积极创新，锐意进取，在产品、经营模式、服务等方面大胆探索，在供应链金融、科创金融、场景金融、消费金融、农村金融等多个方面，打造了一批竞争力强、特色鲜明的金融产品，提高为小微企业的服务能力。

四是民营银行是金融科技创新的先行者和探路者，在全球数字银行发展中占领先机。数字银行处于金融科技领域的最前沿，是全球银行业转型的重要方向，世界各主要经济体都在积极布局和探索数字银行发展。目前大多数民营银行都积极主动推动数字化转型，将金融科技作为拓展业务的发动机，不断加大研发投入，科技创新和应用成效显著。在人工智能、区块链、云计算、大数据四大核心领域都取得了较多具有世界领先水平的科技研发成果，在全球银行业中具备较强的科技竞争力。多家民营银行研发投入占营业收入之比达到7%~10%，技术研发人员占比超过50%，两项指标均远超传统银行。在具有全球影响力的知识产权媒体IPR Daily发布的"2019全球银行发明专利排行榜（Top100）"中，微众银行位列榜首，新网银行、众邦银行和亿联银行也榜上有名，分别排名第11位、28位和42位。民营银行在数字银行发展上的探索和形成的先发优势，为我国在世界数字金融领域增强影响力和话语权，打下了较好的基础。

五是积极构建智能风控体系，有效防范风险。民营银行打造数字化、智能化的动态风险防控体系，在量化模型、授信策略、反欺诈、数据指标和算力方面具备领先优势，变"人治"为"数治"。

六是民营银行发展还存在短板，发展的政策环境情况有待进一步完善。少部分民营银行发展情况不尽如人意，或创新力度不够、存在短板，或市场定位欠准确、特色不明显，或市场资源制约、发展受限，或设立时间太短，还有待观察。民营银行还存在短板，其发展的政策环境仍有待进一步完善。

民营银行发展的实践证明，鼓励和支持民营企业发起设立民营银行的改革举措是完全正确的。尽管目前民营银行体量小，但成长性好，创新性强，是我国普惠金融和金融科技创新的新生力量，已形成了一批成效明显、可复制、可推广的成功经验和做法，发挥了鲶鱼效应，带动和激发了银行业创新和提升服务质量。

要鼓励和支持民营银行发展，全面客观认识民营银行，特别是互联网银行的突出优势和独特作用，构建良好的政策环境，释放民营银行的发展活力，激发创新潜力，促进民营银行在以国内大循环为主体，国内国际双循环相互促进的新发展格局中积极发挥作用、做出更大贡献。

目　录

主报告

一、民营银行发展总体情况 ··· 002
　　（一）规模快速扩张，高成长性特征突出 ··························· 003
　　（二）业绩分化明显，微众网商持续领跑 ··························· 005
　　（三）盈利能力较强，营收利润快速增长 ··························· 006
　　（四）资产质量优良，抗御风险能力较强 ··························· 009
　　（五）主要短板和不足 ··· 011
二、民营银行发展的主要特点和优势 ······································ 013
　　（一）专注普惠服务小微，错位竞争开拓蓝海 ··················· 014
　　（二）纷纷发力线上业务，向互联网银行转型 ··················· 021
　　（三）积极拥抱金融科技，打造核心竞争优势 ··················· 022
　　（四）持续创新经营模式，直击痛点突破难点 ··················· 027
　　（五）构建智能风控体系，有效防范信用和流动性风险 ······ 036
　　（六）充分利用股东优势，共享资源快速成长 ··················· 039
　　（七）发挥民营机制优势，经营灵活管理高效 ··················· 041

（八）积极履行社会责任，主动作为回馈社会 …………… 042
三、民营银行面临的困难和实现高质量发展的政策建议 ………… 045
　　（一）民营银行发展面临诸多政策障碍 ………………… 045
　　（二）营造良好环境，支持设立更多民营银行 …………… 048
　　（三）尽快取消不合理的限制政策，释放民营银行发展活力 …… 049
　　（四）支持民营银行多渠道补充资本和流动性 …………… 050
　　（五）支持民营银行多渠道增加负债来源 ………………… 050
　　（六）平衡好监管与金融科技创新的关系，鼓励互联网银行抢占
　　　　　数字金融革命先机 ………………………………… 051
　　（七）整合公共数据资源，不断完善金融基础设施 ………… 053
　　（八）支持优秀民营互联网银行参与国际金融科技合作 …… 054

案例篇

用科技破解普惠金融难题
　　——浙江网商银行 ……………………………………… 056

以供应链金融带动O2O金融服务
　　——江苏苏宁银行 ……………………………………… 073

产业银行，链接共荣
　　——湖南三湘银行 ……………………………………… 089

打造中国领先的产业链数字生态银行
　　——重庆富民银行 ……………………………………… 102

做普惠金融的万能连接器
　　——四川新网银行 ……………………………………… 112

致力于打造最具特色的互联网交易银行
　　——武汉众邦银行 ……………………………………… 126

聚焦新普惠，走数字化智慧银行之路
　　——上海华瑞银行 ·················· 140

搭建智慧数字银行，赋能大众生产生活
　　——吉林亿联银行 ·················· 152

深耕温州本土，靠前高效服务
　　——温州民商银行 ·················· 167

后　记 ································· 180

主报告

我国民营银行发展情况调研

一、民营银行发展总体情况

自2014年3月启动民营银行试点以来,已设立19家民营银行(见表1)。6年多来,民营银行在发展中积极探索特色发展道路,不断调整战略,优化市场定位,加强金融科技创新,创新发展模式,完善治理结构,规模效益快速增长,服务小微能力不断提升,具备了一定的核心竞争力和比较优势。但也有部分民营银行的发展情况并不尽如人意,民营银行发展的政策环境仍有待进一步完善。

表1 民营银行成立时间、注册资本和股东情况

序号	银行	成立时间	注册资本(亿元)	第一大股东及股东数
1	深圳前海微众银行	2014年12月28日	42	腾讯,10
2	浙江网商银行	2015年6月25日	60	蚂蚁金服,6
3	江苏苏宁银行	2017年6月16日	40	苏宁易购,7
4	湖南三湘银行	2016年12月21日	30	三一集团,10
5	重庆富民银行	2016年8月16日	30	瀚华金控,7
6	四川新网银行	2016年12月28日	30	新希望集团,8
7	武汉众邦银行	2017年4月25日	40	卓尔控股,6
8	上海华瑞银行	2015年1月27日	30	均瑶集团,7
9	吉林亿联银行	2017年5月3日	20	中发金控,7
10	天津金城银行	2015年4月16日	30	华北集团,16

续表

序号	银行	成立时间	注册资本（亿元）	第一大股东及股东数
11	威海蓝海银行	2017年5月27日	20	威高集团，7
12	辽宁振兴银行	2017年9月28日	20	荣盛中天，5
13	北京中关村银行	2017年6月7日	40	用友网络，11
14	温州民商银行	2015年3月23日	20	正泰集团，13
15	梅州客商银行	2017年6月22日	20	宝丽华新能源，5
16	福建华通银行	2017年1月13日	24	永辉超市，8
17	安徽新安银行	2017年11月18日	20	南翔贸易，4
18	江西裕民银行	2019年9月28日	20	正邦集团，9
19	无锡锡商银行	2020年4月16日	20	红豆集团，8

注：深圳前海微众银行于2016年6月、浙江网商银行于2019年12月、武汉众邦银行于2020年1月完成增资扩股。

（一）规模快速扩张，高成长性特征突出

从成立时间看，19家民营银行中，有8家成立于2014—2016年，9家成立于2017年，2家分别成立于2019年和2020年。年报数据和公开资料显示，截至2019年12月，除最新成立的江西裕民银行和无锡锡商银行，其他17家民营银行均已实现盈利，民营银行整体经营情况良好。

特别是微众银行和网商银行，凭借腾讯和阿里强大的技术能力和流量、场景优势，实现了高速成长，金融科技水平领先，资产规模快速扩张，盈利水平较高。如微众银行已在人工智能、区块链、云计算、大数据等前沿金融科技领域打造了多个国际和行业领先的创新性技术应用；再如网商银行利用互联网的技术、数据和渠道创新，解决小微企业融资难融资贵、农村金融服务匮乏等问题。

从资产规模、营业收入以及净利润等指标来看，民营银行普遍处在快速扩张阶段（见表2）。

表2 2019年度民营银行主要经营指标

单位：亿元

序号	银行	总资产	净资产	营收	净利润	存款余额	贷款余额
1	微众银行	2 912.40	161.19	148.70	39.50	2 371.60	1 629.66
2	网商银行	1 395.50	105.18	66.30	12.56	788.56	476.90
3	苏宁银行	639.00	41.58	10.17	0.76	436.90	297.40
4	三湘银行	515.81	34.41	12.58	3.19	432.40	221.94
5	富民银行	451.52	32.98	10.45	2.19	289.63	279.55
6	新网银行	441.53	43.05	26.81	11.33	267.24	323.88
7	众邦银行	418.77	22.47	8.38	1.56	301.25	184.91
8	华瑞银行	396.27	39.88	9.92	2.68	242.90	201.92
9	亿联银行	313.20	19.59	9.56	1.53	250.60	197.30
10	金城银行	307.00	34.78	7.37	1.70	235.79	147.59
11	蓝海银行	303.57	21.60	6.43	1.45	225.43	152.95
12	振兴银行	262.25	20.41	7.17	0.75	210.61	151.38
13	中关村银行	174.67	41.41	4.47	0.50	106.03	62.70
14	民商银行	167.86	24.82	5.19	2.15	91.70	84.82
15	客商银行	166.64	21.02	2.28	0.58	106.63	31.39
16	华通银行	106.79	21.85	2.31	0.02	82.31	46.62
17	新安银行	103.94	20.36	1.56	—	47.82	41.67
18	裕民银行	—	—	—	—	—	—
19	锡商银行	—	—	—	—	—	—

资产规模方面，截至2019年年底，17家民营银行总资产达到9 076.7亿元，较上年同比增长42.4%；各项贷款4 532.6亿元，同比增长46.8%。

从近三年主要经营数据平均增长情况来看，处于头部的微众银行和网商银行的总资产、营收、净利润和贷款余额增长率均进入较为平稳的发展阶段。而2017年成立的几家民营银行则正处于快速发展阶段，如增速最快的亿联银行，总资产和营收的年均增长率分别为297.72%和289.55%。位居第二的三湘银行总资产、营收、净利润和贷款余额的年均增长率分别达到了164.93%、157.31%、186.00%和170.64%。

客户数量方面，民营银行服务的小微企业和个人客户数量也在快速增长。如网商银行，在服务小微企业的数量上已跃居全球第一，截至2020年上半年，小微客户数量累计超过2 900万；再如微众银行，截至2019年年底，有效用户突破2亿人，为23万户普惠型小微企业提供了信贷服务；再如苏宁银行截至2020年上半年，客户数量累计达2 850万。

（二）业绩分化明显，微众网商持续领跑

由于成立时间、服务区域和业务模式的不同，17家民营银行的业绩表现也开始出现分化，综合资产规模和营收情况，大致可以划分为三个梯队，如图所示。

1. 第一梯队：资产规模超过1 000亿元（2家）

处于第一梯队的是微众银行和网商银行。截至2019年年底，微众银行和网商银行两家资产规模均超过1 000亿元，其中微众银行总资产2 912亿元，营收为148.7亿元。网商银行总资产1 396亿元，营收66.3亿元，与微众银行相比还有较大的差距。

2. 第二梯队：资产规模在200亿元至1 000亿元之间（10家）

有10家民营银行总资产在200亿元至1 000亿元之间，分别为：苏宁银行，总资产639亿元，营收10.17亿元；三湘银行，总资产515亿元，营收12.58亿元；富民银行总资产451亿元，营收10.45亿元；新网银行总资产442亿元，营收26.81亿元；众邦银行，总资产419亿元，营收8.38亿元；华瑞银行，总资产396亿元，营收9.92亿元；亿联银行，总资产313亿元，营收9.56亿元；金城银行，总资产307亿元，营收7.37亿元；蓝海银行总资产304亿元，营收6.43亿元；振兴银行，总资产262亿元，营收7.17亿元。

同为2017年成立的亿联银行和苏宁银行，尽管起步相对较晚，但资产规模实现了高速增长，2019年资产规模相较2018年分别增长了133.00%和97.00%。

3. 第三梯队：资产规模200亿元以下（5家）

有5家银行总资产在200亿元以下，其中民商银行成立于2015年，中关村银行、梅州客商银行、华通银行、新安银行这4家银行都成立于2017年。2019年末，新安银行总资产104亿元，营收1.56亿元，在已公布经营数据的民营银行中

体量最小,与排名第一的微众银行差距十分明显。

贷款余额的分布规律和总资产基本一致,微众银行和网商银行分别以1 629.66亿元和476.90亿元居于第一梯队。苏宁银行、三湘银行、富民银行、新网银行、众邦银行、华瑞银行、亿联银行、金城银行、蓝海银行和振兴银行的贷款余额居于第二梯队,规模介于150亿元至300亿元之间。中关村银行、民商银行、客商银行、华通银行和新安银行的贷款余额居于第三梯队,规模介于30亿元至85亿元之间。

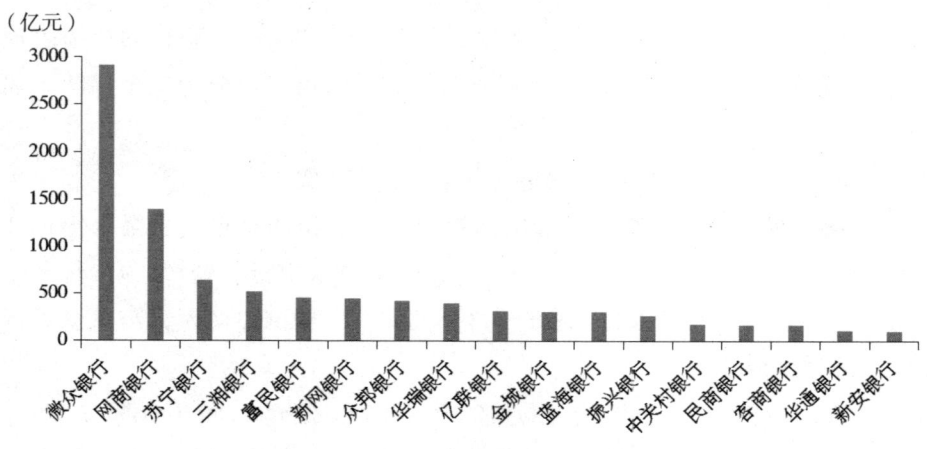

图1　2019年17家民营银行总资产情况

(三)盈利能力较强,营收利润快速增长

目前,民营银行均已实现盈利,净息差保持较高,净利润保持较高增速,整体盈利能力较强。

1. 营收和净利润

截至2019年12月,微众银行的营业收入148.70亿元、净利润39.50亿元,增长率分别为48.26%和59.64%,占已公布净利润的16家民营银行(新安银行未公布净利润)净利润总额82.45亿元的47.9%,远高于其他民营银行(见图2)。

网商银行依然位列第二,营业收入66.30亿元、净利润12.56亿元,营业收入同比增长5.72%,净利润增长率高达87.18%。但与微众银行相比还有一定差距。

新网银行以11.33亿元的净利润排在第三，三湘银行排名第四，净利润为3.19亿元，其余13家银行的净利润均在3亿元以下（见图3）。

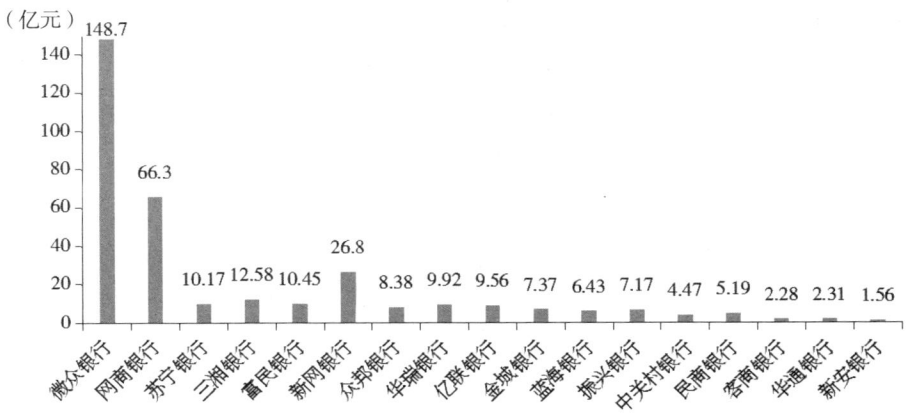

图2　2019年17家民营银行营收情况

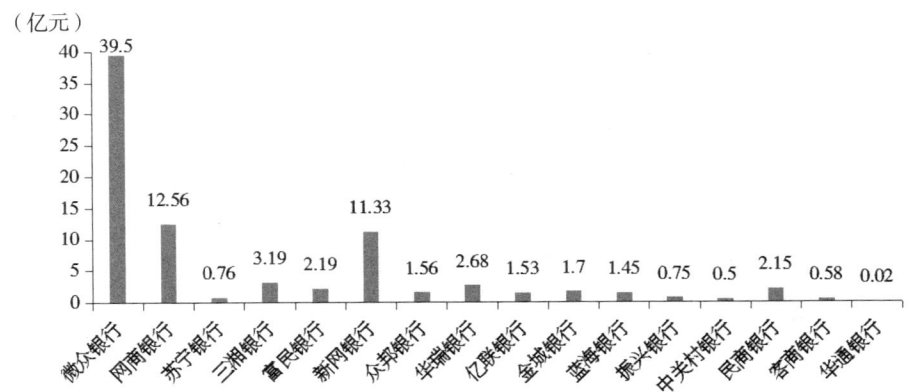

图3　2019年16家民营银行净利润情况

从增速看，苏宁银行、三湘银行、富民银行、新网银行、众邦银行、亿联银行、振兴银行2019年的营业收入和净利润增长幅度都比较大。特别是苏宁银行、振兴银行和富民银行，2019年净利润同比增速分别达到了2 032.60%、457.91%和315.38%。

2. 资产收益率（ROA）和净资产收益率（ROE）

资产收益率（ROA）和净资产收益率（ROE）方面，总体上民营银行ROE和ROA都非常低。2019年，除微众银行（ROE为28.15%、ROA为1.55%）和新网银行（ROE为30.31%、ROA为2.82%）两家银行的ROE和ROA指标接近中资股份制银行水平，其余15家民营银行ROE和ROA仍处于较低的水平（见表3），这表明民营银行仍然处于发展初期，还要需要一定的时间、技术和客户积累。

表3 2019年度民营银行主要监管指标

单位：%

序号	银行	资产收益率	净资产收益率	资本充足率	不良贷款率	拨备覆盖率	流动性比例
1	微众银行	1.55	28.15	12.90	1.24	444.31	未披露
2	网商银行	1.07	11.94	16.40	1.30	未披露	54.40
3	苏宁银行	0.12	1.80	12.39	0.88	282.95	167.09
4	三湘银行	0.77	9.65	11.28	0.59	367.29	228.56
5	富民银行	0.53	6.86	12.25	0.47	538.69	154.04
6	新网银行	2.82	30.31	15.20	0.60	525.24	49.63
7	众邦银行	0.44	6.94	10.53	0.49	511.50	125.64
8	华瑞银行	0.71	6.96	16.15	1.03	244.28	63.03
9	亿联银行	0.68	8.16	11.07	1.21	210.90	210.01
10	金城银行	0.65	4.89	16.65	1.12	152.37	193.50
11	蓝海银行	0.48	6.71	13.41	0.48	达标	达标
12	振兴银行	0.28	3.70	12.60	1.15	157.16	388.51
13	中关村银行	0.33	1.21	31.75	0	达标	127.00
14	民商银行	1.42	8.94	17.31	0.03	8653.50	48.59
15	客商银行	0.35	2.75	33.70	0	未披露	135.79
16	华通银行	0.10	0.09	30.69	0.07	未披露	730.53
17	新安银行	未披露	未披露	39.51	1.66	151.39	155.38
18	裕民银行	未披露	未披露	未披露	未披露	未披露	未披露
19	锡商银行	未披露	未披露	未披露	未披露	未披露	未披露

注：浙江网商银行、江苏苏宁银行、温州民商银行、武汉众邦银行、天津金城银行资产回报率（ROA），浙江网商银行、四川新网银行、江苏苏宁银行、中关村银行、武汉众邦银行和天津金城银行净资产收益率（ROE）为大成课题组根据公开数据计算。

3. 净息差

总体来看，民营银行的净息差要高于传统银行的水平。银保监会数据显示，2019年第四季度，民营银行净息差为3.74%，高于大型商业银行（2.12%）、股份制银行为（2.12%）、城商行（2.09%）、农商行（2.81%）和外资银行为（1.78%）。

民营银行的净息差之所以高于其他类型的商业银行，主要在于其生息资产的优势。民营银行面对的客户主要为传统商业银行无法触及的"长尾客户"，且互联网贷款产品大多具有期限灵活、可随借随还、按天计息的特点，尽管贷款年化利率高于一般传统商业银行，但是借款客户的实际融资成本负担相对并不高。

（四）资产质量优良，抗御风险能力较强

从年报数据来看，民营银行不良贷款率低，资产质量普遍较好，资本充足率符合监管要求并保持良好。根据中国银保监会发布的各类银行的主要经营指标（见表4），与其他类型银行相比，民营银行均处于较好的水平。

1. 不良贷款率

从资产质量来看，2019年，苏宁银行、三湘银行等10家银行不良贷款率均在1%以下，最低的是中关村银行和客商银行，不良贷款率为0。不良贷款率最高的是新安银行，为1.66%。此外，微众银行（1.24%）、网商银行（1.3%）等6家银行的不良贷款率均也都超过了1%。

与其他类型的银行相比较，民营银行总体不良贷款率为1.00%，低于银行业平均水平。银保监会统计数据显示，2019年第四季度，国内各类型银行的不良贷款率分为大型商业银行1.38%、股份制银行1.64%、城商行2.32%、农商行3.90%、外资银行0.67%（见表4）。尽管如此，由于民营银行成立时间较短，民营银行的不良贷款率普遍处于较低水平，并不能说明民营银行的资产质量就一定高于其他类型的银行，随着时间的不断推移，风险也在不断地暴露出来。

2. 资本充足率

资本充足率方面，根据银保监会统计数据，2019年第四季度，大型商业银行的平均资本充足率为16.31%、股份制银行为13.42%、城商行为12.70%、农商

行为13.13%、外资银行为18.40%、民营银行为15.15%，表明民营银行的业务经营比较稳健。

17家公布2019年经营数据的民营银行中，中关村银行、客商银行、华通银行和新安银行的资本充足率偏高，均超过30%。说明这几家银行资本金利用不充分，银行规模没有达到与资本金匹配的程度。

表4　2019年商业银行主要指标分机构类情况表（法人）

	机构	大型商业银行	股份制商业银行	城市商业银行	民营银行	农村商业银行	外资银行
一季度	不良贷款余额（亿元）	8 095	4 569	2 968	24	5 811	104
	不良贷款率（%）	1.32	1.71	1.88	0.68	4.05	0.76
	资产利润率（%）	1.07	1.01	0.89	1.09	1.07	0.64
	拨备覆盖率（%）	240.44	192.18	179.26	510.18	128.50	285.10
	资本充足率（%）	15.67	12.77	12.64	15.37	12.97	18.31
	流动性比例（%）	54.06	58.05	63.24	72.69	60.22	67.04
	净利润（亿元）	2945	1202	775	19	723	53
	净息差（%）	2.12	2.08	2.07	3.30	2.70	1.86
二季度	不良贷款余额（亿元）	7940	4601	3771	32	5866	142
	不良贷款率（%）	1.26	1.67	2.30	0.78	3.95	1.01
	资产利润率（%）	1.09	0.99	0.83	1.04	0.96	0.55
	拨备覆盖率（%）	250.69	193.01	149.26	461.14	131.52	231.99
	资本充足率（%）	15.66	12.73	12.43	15.11	12.98	18.21
	流动性比例（%）	52.88	56.84	61.28	64.95	61.32	69.27
	净利润（亿元）	6057	2391	1454	37	1305	91
	净息差（%）	2.11	2.09	2.09	3.56	2.72	1.84
三季度	不良贷款余额（亿元）	8 484	4 668	4 214	44	6 146	116
	不良贷款率（%）	1.32	1.63	2.48	0.99	4.00	0.83
	资产利润率（%）	1.05	0.97	0.77	1.02	0.92	0.67
	拨备覆盖率（%）	240.20	198.77	147.99	384.64	130.81	270.63
	资本充足率（%）	16.18	13.40	12.51	14.87	13.05	18.28
	流动性比例（%）	54.60	58.78	60.26	68.69	61.02	69.41
	净利润（亿元）	8 824	3 536	2 035	57	1 887	169
	净息差（%）	2.11	2.13	2.11	3.57	2.74	1.84

续表

	机构	大型商业银行	股份制商业银行	城市商业银行	民营银行	农村商业银行	外资银行
四季度	不良贷款余额（亿元）	8 959	4 805	4 074	48	6 155	94
	不良贷款率（%）	1.38	1.64	2.32	1.00	3.90	0.67
	资产利润率（%）	0.94	0.86	0.70	1.05	0.82	0.63
	拨备覆盖率（%）	234.33	192.97	153.96	391.12	128.16	313.90
	资本充足率（%）	16.31	13.42	12.70	15.15	13.13	18.40
	流动性比例（%）	54.97	61.63	63.51	68.29	63.15	69.81
	净利润（亿元）	10 606	4 233	2 509	82	2 287	216
	净息差（%）	2.12	2.12	2.09	3.74	2.81	1.78

注：1.数据源自银保监会。
2.外资银行资本充足率不含外国银行分行。

（五）主要短板和不足

尽管我国民营银行聚焦薄弱领域金融服务，寻求差异化发展，取得了一定成效，但由于民营银行起步晚，社会认知度低，缺少适量的物理网点和营销队伍，在获客、资金、渠道、业务资质等方面与传统主流银行相比有着先天的不足。少部分民营银行发展情况不尽如人意，或创新力度不够、存在短板；或市场定位欠准确、特色不明显；或市场资源制约、发展受限；或设立时间太短，还有待观察。

1. 业务模式单一，定位、产品趋于同质化

从发展方向来看，"互联网""数字化"和"开放银行"已经成为多家民营银行的战略选择，但受监管政策和自身技术实力等多种因素约束，大多数民营银行在互联网金融领域的发展模式、业务形态并无明显差异，优势并不突出。

从客户定位看，"发展普惠金融"的经营理念是大多数民营银行的必然选择。多家民营银行积极将中小微企业和个人客户作为主要服务对象，但服务的具体行业和群体还有待进一步细分，尚须进一步探讨如何依托金融科技填补目前金融服务的薄弱地带，以科技的力量控制风险。

从业务结构来看，民营银行大多以信贷业务为主，彼此之间的差异化特征

不明显，存在业务结构单一、产品高度同质化的问题。各民营银行大多倾向于推广特定款明星贷款产品，资产端也大多依赖此类贷款产品，导致盈利主要依赖于存贷利差。

2. 部分民营银行发展迟缓，没有形成核心竞争力

民营银行中，第一梯队的微众银行、网商银行，代表了当前民营银行的最高水平，在金融科技的研发和应用上引领我国商业银行的进程，不断刷新未来互联网银行的标准，业绩呈加速度发展态势，不但远超其他民营银行，也接近或超越一些成立多年的股份制商业银行。也有几家民营银行则战略不明确、发展迟缓，业绩垫底，核心竞争力缺失，有的成立以来一直没有有效地开展业务，有被市场淘汰的风险。

3. 负债来源比较单一，资金成本较高

负债来源比较单一，资金成本较高，是当前民营银行面临的普遍问题。由于民营银行设立初期信用尚待检验，加上限制远程开户和单一网点要求，吸收存款，尤其是吸收个人存款非常困难，导致民营银行负债端过多依赖股东资金、同业负债以及第三方平台。根据各家民营银行披露的2019年度报告，资产端信贷投放占比总体上在40%左右，投资类资产占比超过信贷资产，其中同业投资依然是主体。民营银行通过第三方平台融资，资金成本高企，甚至可能造成存贷款利率错配，在激烈的市场竞争中处于弱势。

4. 成立时间短，开展业务资质受限

由于成立时间短，民营银行业务资质受限，通过发行金融债、开展银行间市场资产证券化业务等方式筹资的门槛较高，在衍生品交易、自营理财等业务资质方面还存在较多的发展限制。

根据2007年《同业拆借管理办法》和2018年8月修订的《全国银行间同业拆借市场业务操作细则》的规定，民营银行成立两年之内无法进入同业拆借市场开展流动性管理；同时，《全国银行间债券市场金融债发行管理办法》规定，民营银行至少在成立3年内难以通过发行金融债解决资金来源。

另据中国人民银行2016年6月发布的《市场利率定价自律机制成员名单》，由于不是全国性市场利率定价自律机制正式成员，目前仅有4家民营银行有发行大额存单的资格，分别为微众银行、金城银行、民商银行、华瑞银行。其次，具有发行同业存单资格的仅有7家民营银行，也就意味着还有10家

民营银行负债渠道更窄，主要还是通过同业金融机构存放的方式增加负债。

5. 人才吸引和保留面临较大压力

互联网银行高度依赖金融科技和技术人才，引进高精尖人才困难也是民营银行发展的制约因素之一，特别是位于中西部省份的部分民营银行，所在地区的区位优势不显著，对计算机、互联网高端科技人才吸引力有限，民营银行除了薪酬之外缺乏其他激励措施，导致专业人才不足，队伍不稳定，一定程度上制约了银行创新能力的提升和发展。

二、民营银行发展的主要特点和优势

6年多来，民营银行大力整合股东优势和市场资源，充分发挥民营机制优势，以创新为突破口，实施创新驱动发展战略，根据股东特点、市场变化和客户需求持续推进市场战略创新，战略定位更加清晰，业务范围更加聚焦，综合实力不断增强，竞争优势日益突出，走出了一条有别传统银行发展特色的差异化经营之路。

民营银行已经成为我国普惠金融的生力军。民营银行来自市场、紧贴市场，聚焦普惠金融，专注服务小微企业、个人客户和"三农"领域，利用金融科技解决传统模式下小微企业和长尾客户融资难点和痛点问题，为传统银行模式下很难得到正规金融服务的群体提供了以纯信用为主、成本相对较低、灵活便利的金融服务，在普惠金融领域开拓了新的蓝海。

民营银行已经成为数字普惠金融新模式、新范式创新的引领者。民营银行坚持科技引领、创新发展，积极拥抱以互联网技术为核心的金融科技，积极推动金融科技创新、经营模式创新、服务创新和产品创新，在供应链金融、科创金融、消费金融、农村金融等多个领域，打造了一大批竞争力强、特色鲜明的金融产品，业务规模不断扩大，小微企业的服务能力不断提高。

民营银行是金融科技创新的先行者和探路者，在全球数字银行发展中占领先机。数字银行处于金融科技领域的最前沿，是全球银行业转型的重要方向，世界各主要经济体都在积极布局和探索数字银行发展。目前大多数民营银行都积极主动推动数字化转型，将金融科技作为拓展业务的发动机，不断加大研发投入，科技创新和应用成效显著。在人工智能、区块链、云计算、大数据四大核心领域都取得了较多具有世界领先水平的科技研发成果，在全球银行业中具备较强的科技竞争力。

民营银行积极构建智能风控体系，有效防范风险。民营银行高度重视风险防控，应用大数据、人工智能、物联网、云计算等前沿技术，打造数字化、智能化的动态风险防控体系，变"人治"为"数治"，有效防范信用风险和流动性风险。

（一）专注普惠服务小微，错位竞争开拓蓝海

长期以来，我国商业银行追求规模扩张，偏好做大做强，客户定位雷同，产品服务模式差异不大，导致金融供给过度和供给不足并存的现象。一方面，金融机构对国有企业和大企业集团的争夺竞争激烈；另一方面，对小微企业、"三农"等薄弱领域的金融服务短缺，出现普惠金融的短板。

民营银行运用金融科技，创新发展互联网金融业务，突破了传统金融服务在物理网点和时间上的限制，解决传统金融模式下无法解决的信息不对称、高风险、高成本等问题，使得传统模式下得不到正规金融服务的群体能够有机会获得多渠道、广覆盖、成本相对较低的金融服务，长尾客户获得了精准高效的金融服务，大大提升了我国的金融可得性。

1. 以普惠金融为使命，聚焦服务小微大众

民营银行普遍将自己的业务定位聚焦于小微企业、消费贷款、"三农"等普惠金融领域，致力于为小微企业、"三农"领域以及个人长尾等提供差异化的金融服务，客户结构下沉特征明显。

如微众银行自成立以来，就以"让金融普惠大众"为使命，专注于为普罗大众、小微企业提供差异化、优质便捷的金融服务。微众银行借助金融科技手段，围绕大众银行、直通银行、场景银行三大板块不断创新，积累了丰富的普惠金融实践经验。截至2019年年底，微众银行的个人有效客户数达2.04亿人。

网商银行的战略定位是"以普惠金融为使命，利用互联网的技术、数据和渠道创新服务小微企业、个人创业者和'三农'"，该行坚持"普惠理念、公益心态、商业可持续"三大经营原则，秉承阿里巴巴"让天下没有难做的生

意"的经营理念,以普惠服务的客户数量和客户满意度而非利润作为经营考核标准。截至2019年年底,该行累计服务的小微经营者数量已超过2 000万,其中80%的客户从未在其他银行获得过经营性贷款。网商银行"310"贷款模式更是得到了国际社会的认可,2019年10月,网商银行从全球140多家银行中脱颖而出,获得世界银行集团和二十国集团(G20)旗下的"全球中小企业论坛"颁发的普惠金融领域全球最高奖项——2019年度的"全球中小微企业银行奖"。

新网银行坚守"普惠金融补位者"的市场定位和"技术立行"的发展战略,致力于做普惠金融的践行者、长尾市场的服务者、大中型主流银行的补位者。新网银行与主流银行进行错位竞争、差异化发展,主要覆盖草根创新创业者、蓝领客户、小微客户、个体工商户以及大量农村客户,这些是主流金融机构难以覆盖的人群。

三湘银行以"让银行成为一种随时可得的服务"为使命,定位于"服务产业,发展普惠"的产业银行。三湘银行以核心企业为依托,紧紧围绕目标产业生态圈,向小微企业提供金融服务,助力他们创业创新;向目标产业链企业员工和产业C端,以及长尾人群提供小额消费贷款,提高金融服务的覆盖率、可得性、便利度和满意度。

民商银行秉承立足温州,服务当地小微企业的理念,着眼于助力小微、服务三农、扎根社区,以产业链为特色,打造便捷高效的信贷文化,做温商资产管理的金融服务商。

富民银行以"扶微助创、富民兴邦"为企业使命,以服务小微企业、服务创新创业、服务金融弱势群体为自己的市场定位。

华瑞银行建行初期就确立了"服务小微大众、服务科技创新、服务自贸改革"的战略定位,并逐步形成了"科创生态金融""智慧供应链""普惠零售业务"三大普惠金融战略方向。

众邦银行秉承"专注产业生态圈,帮扶小微企业、助力大众创业"的使命,利用新一代信息技术,打造交易与场景的互联网交易银行,产融深度融合的供应链金融银行,数字化驱动科技赋能的开放型数字银行。为产业链的小微企业及个人客户提供账户、支付、信贷、财富管理等一站式金融服务(见表5)。

表5 民营银行市场定位情况

银行	市场定位
微众银行	互联网银行,专注服务小微企业和普罗大众,以科技研发和应用驱动业务发展
网商银行	互联网银行,以普惠金融为使命,利用互联网的技术、数据和渠道创新服务小微企业、个人创业者和"三农"
苏宁银行	科技驱动的O2O银行
新网银行	互联网银行,坚守"普惠金融补位者"的市场定位和"技术立行"的发展战略,服务长尾客群
亿联银行	互联网银行,以"数字银行、智慧生活"为定位,打造金融服务的智能连接器
中关村银行	科技银行、互联网银行,专注科技金融,致力于打造"创新创业者的银行",帮助创业者实现梦想
众邦银行	着力打造交易与场景的互联网交易银行、产融深度融合的供应链金融银行、数字化驱动科技赋能的开放型数字银行
华通银行	线上为主、线下为辅的互联网银行
三湘银行	以核心企业为依托,围绕目标产业生态圈和消费金融,打造"服务产业、发展普惠"的产业银行
华瑞银行	服务小微大众、服务科技创新、服务自贸改革,将"科创生态金融""智慧供应链""普惠零售业务"作为三大主要业务领域
富民银行	服务小微企业的普惠金融银行,以服务小微企业、服务创新创业、服务金融弱势群体为自己的市场定位
金城银行	"聚焦天津本地,发展'公存公贷'业务"。确立了以打造公司金融为主、科技金融和互联网金融为引擎的"一主两翼"的发展策略,聚焦细分市场、民营小微和普惠金融三大客户群体
蓝海银行	服务蓝色经济区的开发银行,服务股东产业链的伙伴银行,中韩金融合作的先行银行
振兴银行	以科技手段服务小微企业和个人消费者,积极发展直销银行的电子银行业态,利用线上手段发展普惠金融
新安银行	专注供应链金融、消费金融以及"科技人"(科技创业者、科技专业者、科技服务者)金融服务方案
民商银行	秉承立足温州,服务当地小微企业的理念,以产业链为特色,做温商资产管理的金融服务商
客商银行	立足梅州,以普惠金融、智慧金融、科创金融和民系金融为四大业务重点,以"三农两小"、创新创业、长尾客户和全球客商为四大客户群体,致力于打造一家提供专业化、差异化综合金融服务的民营银行
裕民银行	以服务"民营企业、民营经济、民生大众"为市场定位,聚焦供应链金融、"三农"金融、消费金融等普惠金融领域
锡商银行	聚焦科技,以移动金融和物联网技术为手段,打造物联网金融特色科技型银行

2. 直击痛点，破解银行服务小微企业难题

当前，我国小微企业融资难、融资贵的问题依然十分突出。究其原因，一方面是因为小微企业自身资产规模较小、固定资产少、土地房产抵押物不足，信用风险较高。另一方面，传统商业银行以线下服务为主，贷款过多依赖抵押担保，工作方式并不适合大量分散的小微企业，小微企业贷款业务长期普遍存在获客难、成本高、流程长和不良率高等痛点和难点。

针对小微企业融资难融资贵和银行服务小微企业的痛点、堵点，民营银行，特别是互联网民营银行，积极运用互联网思维，综合运用金融科技，创新服务方式，在不断降低银行自身运营成本、提高运营效率的同时，提升了客户的融资便利性，并切实降低了客户融资成本。

一是线上线下相结合，多场景触达小微企业用户群体；二是小微企业贷款全流程数据化、自动化、全线上运行，满足了广大民营小微企业"短、小、频、急"的真实资金需求特点；三是运用大数据风控体系，可以有效降低信用风险、欺诈风险和系统安全风险，可以让小微企业不用担保和抵押，凭借信用就能得到贷款，同时使小微企业贷款的不良率保持在较低水平。

案例1：微众银行全线上、纯信用小微企业智能贷款

成立以来，微众银行累计服务企业数超过130万户，授信企业超过38万户，贷款企业超过25万户，累计放款金额1 600亿元。该行企业客户深下沉、小额特征明显，66%的客户年销售额在500万元以下，主要集中在批发、零售和制造业。户均平均员工10人，其中66%的企业均是首次获得银行贷款，户均授信43万元人民币，笔均贷款21万元，绝大部分客户贷款余额在50万元以下，贷款余额在300万元以上的客户仅占0.12%。

依托金融科技，微众银行打造了国内首个全线上、纯信用小微企业智能贷款产品"微业贷"。客户无需抵质押，无需纸质资料，也无需线下开户即可办理；微信公众号全线上操作，365×7×24全天候服务，产品服务流程全自动；从申请、审批到借款、到账，全流程在数分钟内即可完成。上线至今，"微业贷"累计授信小微企业超50万户。

案例2：网商银行小微企业客户数居全球榜首

网商银行将普惠金融作为自身的使命，利用互联网的技术、数据和渠道创新，来帮助解决小微企业融资难融资贵、农村金融服务匮乏等问题。网商银行服务小微客户具有明显的"以微为主，以小为辅"的长尾特征，与传统商业银行在普惠金融实践中"以小为主，以微为辅"的服务特征具有明显互补性。该行主要服务群体面向小微、个人创业者和普通消费者，小微企业65%分布在三、四、五线城市及以下城镇、乡村；单笔贷款额在10万元以下的占96.4%，经营性贷款客户中80%以上是网商银行的独有客户，与传统商业银行的交叉度仅为10%左右。

网商银行应用大数据与人工智能，创新性地提出了"310"模式，即7×24小时金融服务，3分钟申请贷款，1秒钟放款，全程0人工介入。过去金融机构发放一笔小微贷款的平均人力成本约为2 000元，而网商银行每笔贷款的平均运营成本仅为2.3元。

截至2020年6月底，网商银行累计服务超过2 900万家小微企业和经营者，累计放贷5.38万亿元，其中98%为经营性贷款。而我国大型商业银行及股份制银行的小微客群数量一般都徘徊在几十万、上百万的量级；网商银行小微贷款户均余额仅3.6万元，我国大型商业银行及股份制银行的普惠贷款户均余额大都在100万元左右；截至2019年年底，网商银行小微普惠贷款余额为700.3亿元，宁波银行、北京银行的小微普惠贷款余额分别为795亿元、351.8亿元，其规模已经接近甚至超过一些大型区域性银行。

案例3：华瑞银行中小微企业户数占比98.01%

华瑞银行将广大中小微企业作为主要服务对象，积极为民营及中小微企业提供差异化金融服务，将供应链金融、科创生态金融和消费升级场景金融作为重点发展领域，借助金融科技创新产品和服务模式，不断优化调整业务和客户结构，打造特色金融产品。华瑞银行贷款客户群体的民营特征强，截至2019年年末，该行民营企业贷款户数占对公客户的95.86%，余额占75.02%；贷款企业中，中小微企业户数占比98.01%，余额占比85.93%。

案例4：富民银行"富民极速贴"服务于中小微客户群

富民银行运用金融科技手段，重构商业汇票贴现流程，推出了自主研发服务于中小微客户群的电票贴现产品"富民极速贴"，业务的全线上操作，客户从注册、询价、贴现全流程约30分钟。截至2020年5月末，共服务企业约5万家，其中70%以上为小微企业，贴现总金额超过1 800亿元。

3. 发力消费金融，服务长尾个人客户

随着经济的发展，人们消费水平不断提高，对优质金融服务和资金的需求业日益增多。在传统模式下，个人客户在申请贷款的过程中，经常面临贷款难、贷款慢、不方便、不及时等问题，个人客户贷款难、手续繁杂。致力于打通个人小额贷款和消费贷款领域的痛点和堵点，民营银行纷纷推出面向个人的互联网贷款产品，这些产品普遍具有全线上操作、纯信用、授信快、审批快、放款快、随借随还等特点。

案例1：微众银行"微粒贷"

截至2019年年底，该银行服务的有效客户突破2亿，绝大部分为个人用户，77%非白领，80%以上为大专以下学历，笔均贷款8 000元。微众银行借助大股东腾讯微信平台上的11亿用户资源及数据，利用社交和互联网相关数据进行风险评估和授信，在风险可控的前提下，已累计为超过1 500万在人行征信系统无记录的客户进行小额授信，尤其是为贫困地区居民填补了金融服务的空白。微众银行的个人贷款产品"微粒贷"，定位为大众客户的手机移动端自助式小额信用贷款，该产品为纯信用消费贷款，按天计息，循环授信，并对不同客户实行差异化定价。"微粒贷"已成为国内体量最大的个人零售信贷业务，在管贷款规模超过3 000亿元（其中80%为联合贷款），已累计投放3.7万亿元。"微粒贷"最高借款额度为30万元，500元起借，无需担保抵押，5秒出额度，最快1分钟到账。

案例2：新网银行线上个人信贷产品"好人贷"

面向个人客户的线上零售贷款业务为该行主营业务，主要覆盖草根创新创

业者、蓝领客户、小微客户、个体工商户以及大量农村客户等主流金融机构难以覆盖的人群。截至2019年年末，该行累计服务客户数超3 100万户，发放贷款约3 800亿元，其中个人客户超过99%，近80%的客户来自三、四线城市和农村地区。"好人贷"是新网银行于2017年上线的个人信贷产品，也是该银行的核心业务之一，通过信息技术系统自动完成授信，在微信平台上进行申请和快速放款。"好人贷"在微信官方公众号设有进入端口，个人用户可在登陆微信后，通过身份证核验、人脸识别，并填报工作情况等信息，申请贷款。三分钟内即可完成审批，最高可贷50万元，随借随还，日利息最低为万分之三。

案例3：振兴银行贷款服务的长尾客户

该行主要信贷业务为线上小额、分散业务，主要客户群体为个人消费者和小微企业。客户群体遍布全国除港澳台外的31个省级行政区，其中三、四线及以下城市的客户占比近80%，覆盖了许多从未获得过银行贷款服务的长尾客户。

4. 方便灵活，切实减轻客户融资成本压力

通过线上开展贷款业务，民营银行可以有效提高信贷管理效率，降低客户融资成本。从我们调研的几家民营银行情况看，虽然小微企业和个人贷款年化利率较传统商业银行贷款要高一些，但是不同于传统商业银行贷款，互联网线上贷款的企业和客户可以根据资金用途自主安排借还款时间，随借随还，按日计息。大多数小微客户用款周期短，在用款期限内的综合借款成本并不高。各家民营互联网银行普遍支持贷款客户在授信有效期内7×24小时全线上借还款，避免了线下往返网点的繁琐操作，不仅消除了隐性成本、减轻客户融资成本压力，还极大提升了客户的融资便利度和服务体验。更为重要的是，尽管利息略高，但是那些以前得不到贷款的小微和个人长尾客户，贷款从不可能成为可能。

例如微众银行微粒贷的日利率在0.02%~0.05%，据微众银行统计，微粒贷客户的平均贷款天数仅59天，笔均借款额8 000元，71%的客户实际借款成本小于100元。

再如，新网银行主要覆盖草根创新创业者、蓝领客户、小微客户、个体工商户以及大量农村客户，这些是主流金融机构难以覆盖的人群。该行贷款额度在10万元以下的客群占95%以上，户均余额不到5 000元，平均贷款存续时间仅

为79天。

（二）纷纷发力线上业务，向互联网银行转型

由于存在营业网点受限、获客渠道缺乏、品牌信用不足等不利因素，民营银行要在激烈的市场竞争中稳固立足并不断发展壮大，就必须另辟蹊径、错位竞争，而不能继续用传统的业务模式开展传统的金融服务。因此，民营银行纷纷发力线上业务，并把加强数字化建设、向互联网银行转型作为战略调整的重要方向，用金融科技的力量突破制约民营银行的发展瓶颈。

从成立之初的情况来看，共有8家民营银行一开始就定位为互联网银行，分别是微众银行、网商银行、新网银行、苏宁银行、亿联银行、中关村银行、华通银行和众邦银行。其他民营银行最初的定位则更偏重线下业务，有的专注服务特定区域，有的依托股东优势，深耕特定行业和产业，在运营路线、业务拓展、风控思路等与传统银行相似。

几年来民营银行的发展表明，广泛应用金融科技手段，通过互联网渠道向客户提供金融服务，能够克服民营银行经营地域和网点的限制，能够大幅提高效率，有效降低成本，从而实现客户数量和业务规模的快速增长。相比侧重线下业务民营银行，互联网银行普遍成长性更好，资产规模、营收及盈利水平处于领先水平，在金融科技创新应用和金融产品创新等方面也都有比较出色的表现。互联网银行中的优秀代表，微众银行和网商银行更是遥遥领先于其他民营银行。

正因为如此，民营银行纷纷意识到，要实现更大发展，必须要拓展互联网金融渠道。开始加速转型，把互联网业务调整为战略发展重点，大力拓展线上业务，同时不断加大数字化银行的基础设施建设力度。

如华瑞银行明确提出了"走数字化智慧银行发展之路"的战略规划，业务主要聚焦于以数字化技术驱动的新普惠业务，主要包括智慧供应链、数字零售业务、科创生态贷款三大特色业务。

再如重庆富民银行，将产业链数字生态银行作为发展战略目标，正在不断加强互联网银行建设，目前已经形成了较为全面的互联网银行产品矩阵和面向场景开放的综合金融服务能力。

其他如蓝海银行，也提出"一体两翼"发展战略，"两翼"指线上基于互联网的供应链金融和C端普惠金融。2019年底成立的江西裕民银行，也提出要以建设"普惠银行、绿色银行、智能银行、开放银行"为发展目标，全面推进大数据、人工智能、区块链、云计算等金融科技应用。

也有互联网巨头看好互联网银行的发展前景，入股民营银行，助力民营银行向互联网银行转型。2020年9月，银保监会公布关于天津金城银行有关股东资格的批复，同意三六零安全科技股份有限公司持有天津金城银行90 000万股股份，持股比例为30%。完成入股后，360集团将成为继腾讯和阿里之后，国内第三家成为民营银行第一大股东的互联网公司。

当前，民营银行在互联网银行建设和线上业务发展上已经取得了突出的成绩，科技成果不断涌现，运营模式不断创新，应用场景不断拓展，金融产品不断推出。

各民营银行线上客户数和业务占比不断提高。网商和微众的业务和客户均100%为线上。截至2020年上半年，亿联银行的670万客户中，仅272户是线下客户，线上客户占比接近100%，线上贷款业务占比90%以上，线下贷款业务占比10%以下；苏宁银行线上客户数为2 840.63万户，贷款余额占比67.4%，线下客户数约为10万户，贷款占32.6%。

（三）积极拥抱金融科技，打造核心竞争优势

"科技立行"是多家民营银行的共识。民营银行普遍高度重视金融科技创新和应用，结合自身特点，不断加大研发投入，科技创新和应用成效显著，科技实力不断增强，竞争优势突出。有的民营银行已经具备了行业领先的科技水平和研发实力，并形成对外技术输出能力。

1. 加大金融科技投入，科技实力不断增强

民营银行普遍重视金融科技投入。年报也表明，民营银行在金融科技投入的力度正在逐年加大，部分民营银行特别是互联网银行的研发投入占营收之比处于较高水平。以2019年的数据为例，微众银行研发投入占营收比例为9.2%；新网银行研发投入占营收比例为7.8%；苏宁银行IT投入占比营收之比达到7.56%，主要包括新技术研究、系统建设及研发人员投入等费用。作为对比，

2019年我国上市大中型银行平均科技投入资金占营业收入比例约为2%[1]。

在加大资金投入的同时，民营银行也在不断加大金融科技人才的招聘力度。年报数据显示，截至2019年年末，微众银行金融科技人员数量为1 500人，占全行员工的60%；亿联银行科技人员563人，占员工总数的66%；网商银行科技类人员数量为439人，占全行员工的52.2%；富民银行、苏宁银行、众邦银行和新网银行的科技人员占比也均超过了50%。从事技术的员工大都是有数学、IT、互联网背景，如网络架构师、大数据建模分析师、反欺诈研发工程师等。而2019年我国上市大中型上市银行平均科技人员占比为4%以上，排名第一的工商银行为7.8%，建设银行为2.75%。[2]

目前，我国获得高新技术企业认定的银行共有5家，其中4家为民营银行，分别是微众银行、新网银行、亿联银行和众邦银行。部分民营银行在人工智能、区块链、云计算、大数据四大核心领域都取得了较多具有世界领先水平的科技研发成果，在全球银行业中具备较高的科技竞争力。

2. 加强金融科技创新，提高金融服务能力

多数民营银行特别是互联网银行，积极顺应新兴技术发展趋势，将金融科技作为业务发展的发动机，不断探索区块链、物联网、大数据、人工智能、云计算等金融科技的底层技术，并在运营管理、服务模式、风险控制、产品设计等各个方面应用和创新，使民营银行的场景化获客能力、平台化运营能力和智能化风控水平都得到了大幅度提升，使传统银行不可能触达的金融服务成为可能。

3. 科技成果丰硕，技术专利层出不穷

部分民营银行在创新过程中重视知识产权，多家民营银行获得或申请专利数位列全球银行的前列。例如，在具有全球影响力的知识产权媒体IPR Daily发布的"2019全球银行发明专利排行榜（Top100）"中，微众银行位列榜首，新网银行、众邦银行和亿联银行分别位列第11位、第28位和第42位；新网银行持续投入金融科技的专利技术研发，以累计申请专利139项、软件著作权37项；众邦银行累计申报14项发明专利，取得21项软件著作权；截至2019年年底，三湘银行共有1项发明专利和57项软件著作权，另外有17项发明专利已提交审查；亿联银行申请专利38项、软件著作权55项、版权1项；苏宁银行累计发表

---

[1] 数据来源：中国银行业协会《中国上市银行分析报告2020》。
[2] 数据来源：中国银行业协会《中国上市银行分析报告2020》。

27件软件著作权、申报受理48项专利，两个项目成功纳入科技部、人行等六部委组织的全国金融科技应用试点；华瑞银行不断加快数字化转型速度，持续提升自身创新能力，数字化自主知识产权认证呈较快增长势头，创新领域涉及数字零售金融、供应链金融、大数据风控、数字运营以及科技系统等各个领域。

案例1：微众银行的ABCD金融科技能力

微众银行是第一家采用分布式核心系统的国内中小银行，同时也是国内第一家总体采用去IOE（IBM的小型机、Oracle数据库、EMC存储设备）的分布式互联网框架的银行。微众银行通过构建ABCD（人工智能AI、区块链Blockchain、云计算Cloud Computing、大数据Big Data）的金融科技能力，持续进行几大领域关键核心技术的底层算法研究，在应用方面开展技术攻关。在人工智能技术方面，微众银行引入人脸识别、活体检测、在线视频补充核身等技术手段，在线认证客户身份，做到贷前风险的初步识别控制，同时通过打造"微金小云"人工智能客服，显著降低了人工服务成本；在区块链技术领域，微众银行牵头成立金融区块链合作联盟（深圳），促进国内开源区块链生态圈的形成。同时为降低金融机构对账时间与人力成本，微众银行开发创设机构间区块链对账平台，开展供应链金融、司法存证、区块链身份认证等业务；在云计算技术方面，微众银行构建了全球首个商业银行的分布式核心系统架构，作为国内体量最大的消费金融业务巨头，其分布式系统支撑了最高5.74亿笔的日金融交易量，在国内仅次于中国工商银行。在大数据技术方面，微众银行利用大数据精准营销，建立数字化渠道，拓展业务场景，同时建立用户画像，还原客户真实的资产负债情况，贷中基于大数据建立风控平台，智能盯控借款人风险情况。

微众银行先后参与了ISO、IEEE等国际标准化组织的区块链标准和人工智能标准的制定，与各国同行达成共识，熟悉技术的发展趋势，通过开源推动中国技术成为全球技术的事实标准，并与行业共建科技生态、建立行业标准、提供基础设施[①]。

在技术成果开源方面，微众银行采取开放创新、开放协作的模式，对自身

---

① 数据来源：微众银行2019年年报。

科研成果和技术进行开源共享，例如开放软件、知识产权授权，加强产学研结合，惠及同业和产业链上下游；以及促进形成开放的商业联盟，助力分布式商业生态创新。[①] 微众银行在金融科技的四大领域实现了全球化开源布局，积极参与全球化的技术角逐。在区块链领域，微众银行开源了自主研发的FISCO BCOS区块链底层平台，陆续开源了区块链事件管理、区块链身份管理、区块链浏览器等中间组件，促进了国内乃至国际开源区块链生态圈的形成；在人工智能领域，微众银行基于"联邦学习"开源了联盟AI解决方案FATE（Federated AI Technology Enabler）。

案例2：网商银行云计算和遥感技术应用

网商银行是国内国际领先的科技型银行，尤其在人工智能和云计算领域拥有一系列先进的技术应用。一是具备先进的云计算体系，网商银行是国内首家将核心系统建立在云上的银行，打造了在三地五中心云部署的分布式云计算体系，拥有跨机房、跨地域、可伸缩、高可用的服务计算能力，能够做到弹性资源分配与全局流量管控，完成海量数据的处理和计算，保障业务的连续性。依靠蚂蚁金服自主研发的金融级分布式数据库Ocean Base和金融级分布式架构SOFAStack，网商银行打造了基于微服务单元化架构；二是算力强大，在农村普惠金融"亿亩田"卫星遥感项目中，每天能够完成对10个县以上的中国国土面积的解析、存储和分析工作；三是数据技术强大，在风险领域建立了基于数据和模型技术的风控系统；四是在存贷款等各业务流程建立生物识别技术和安全防控系统；五是利用人工智能实现在客户营销、客户客服领域的精准触达；六是在中后台管理各环节实现实时的风险监测能力。

作为全球首家将卫星遥感技术应用于农村贷款领域的银行，网商银行利用卫星遥感技术破解了农村种植户贷款的难题，是普惠金融领域的重大突破。该行凭借强大的人工智能和云计算实力，培养出解析卫星图像的专业队伍，在与遥感技术相关的图像识别技术"语义分割算法"方面居于世界领先水平。

---

① 中国经济新闻网.微众银行形成开放商业联盟、支持分布式商业生态创新[EB/OL].http://www.cet.com.cn/xwsd/2531727.shtml,2020-04-17.

案例3：苏宁银行的"区块链+物联网"

苏宁银行于2019年上线了新核心系统"云开"，"云开"系统为国内首个线上线下一体化的银行核心系统，采用"苏宁云"分布式技术架构，为线上线下的账户提供统一标准的服务接口。在2019年"双十一"期间，"云开"系统实现高峰期每分钟处理各类账务交易近万笔，为2 000多万用户提供了快速的交易体验。①

在区块链和物联网技术的应用方面，苏宁银行主要取得了四项成果。一是在2017年上线了基于区块链技术的国内信用证信息传输系统；二是在2018年上线了区块链黑名单共享平台，支持多业务领域风险联防联控；三是在2018年创新研发了业内首个基于区块链和物联网技术的动产质押融资平台；四是在2019年完成了首笔区块链福费廷业务交易，实现信息流、物流、资金流三流合一，以及贸易流全程可视化。②

案例4：众邦银行全流程"数智化"能力建设

众邦银行依托金融科技及互联网模式运营体系，90%以上的业务都通过云端实现。目前，该行已经完成全流程的"数智化"能力建设。在不断的探索和实践中，众邦银行已将大数据和人工智能的技术深入到经营决策的每一个环节，从而实现了从"面对面"到"键对键"的数字化运营。该体系包括四大模块：精准营销系统，建立营销评级模型，实现多场景精准获客；大数据风控系统，运用金融科技底层技术，实现精准评估客户风险、动态风险定价、贷前自动化审批的风控应用；客户行为预知系统，建立实时预警监控模型，监控企业显著的负面风险信号，实现贷中风险早预见早应对早处置；贷后管理系统：依托大数据模型技术，实现逾期客户分层及差异化催收等功能，有效节约成本、提升管理效率。

案例5：亿联银行打造"亿联大脑"

亿联银行与百度合作搭建AI算法平台，实现统一建模管理、特征工程、图

---

① 资料来源：苏宁银行2019年年报。
② 网易新闻.苏宁银行首笔区块链福费廷落地，国内信用证业务全打通[EB/OL].http://news.163.com/19/0412/13/ECIM2IRC000189DG.html,2019-04-12.

形化建模、算法平台、模型应用服务等需求，与大数据平台等以机器学习和深度学习平台为核心，打造"亿联大脑"的基础设施，为亿联银行全行业务和服务智能化改造提供引擎。

案例6：华瑞银行"知识图谱"项目

知识图谱本质上是一种大型的语义网络，它旨在描述客观世界的概念实体、属性以及其之间的关系。华瑞银行在过往图数据库实践的基础上，于2020年度对风险管理图谱类项目做了全行级整合，以务实的方法实现了在供应链、集团客户识别、消费信贷等场景的深度应用，增强了复杂关系下的风险信息采集、高危关系识别、群体案件发现手段。2020年12月，华瑞银行"知识图谱"项目凭借技术创新性和行业应用潜力荣获2020第二届金融科技大会"最佳金融科技大数据应用"奖。

（四）持续创新经营模式，直击痛点突破难点

银行的竞争就是创新的竞争，特别是民营银行，要在夹缝中生存并发展壮大，更是必须要依靠创新。广大民营银行积极创新，锐意进取，在产品、经营模式、服务等方面大胆探索，在供应链金融、科创金融、消费金融、农村金融等多个领域，打造了一大批竞争力强、特色鲜明的金融产品，业务规模不断扩大，竞争优势不断增强。

1. 积极探索获客新模式，用户规模不断扩大

民营银行成立时间短、网点覆盖少、品牌知名度不高、缺乏流量资源，除微众、网商、苏宁、亿联等背靠头部电商股东资源，在场景、数据、营销渠道等方面具有一定的先天优势外，普遍面临获客难题。各家民营银行都努力创新营销模式，克服互联网银行缺少物理网点和销售人员的营销难点，采取多种方式拓展外部流量渠道合作获客。一方面，用全线上化的方式设计和研发各类金融产品，力图嵌入到更多的消费场景和产业场景；另一方面，广泛依托APP、小程序、第三方平台SDK等多种数字化方式触达客户，有效地提高获客能力，扩大用户规模。

如在小微企业获客渠道方面，微众银行主要做法是采用线上精准触达小微

企业主的营销模式，利用线上数据精准识别企业主身份，并通过微信、今日头条等互联网平台进行广告的精准投放，并充分挖掘了存量客户在营销上的潜力，首创口碑传播模式，老客户推荐新客户所引来的业务占比超过15%。

再如新网银行，该行除了通过微信公众号获客，还与第三方平台合作进行导流，目前该行已与中国移动、携程、美团、今日头条等多家机构达成合作，在这些合作机构的APP中可以查看和使用新网银行提供的金融服务，新网银行的客户总数达到3 000万，其中个人客户超过99%。80%的客户来自三、四线城市及农村地区。

众邦银行依托自有的数智金融服务平台——众赢通，通过核心企业、交易平台、金融同业来获客，截至2020年6月末，众邦银行客户数达到1 609万户。

2. 创新和丰富存款产品，扩大资金来源

由于渠道、品牌、资本金的因素，民营银行很难在传统存款业务中与商业银行进行竞争，为缓解负债端压力，多家民营银行推出了创新型存款产品，如微众银行的"智能存款+"、众邦银行的"众邦宝"、富民银行的"富民宝"、三湘银行的"灵活存"等。这些创新型存款产品，具有利息高、安全性和灵活性较强等特点，一经推出就收到了广泛欢迎。

具体而言，民营银行推出的创新型存款主要分为两种：一是计息方式创新的产品，即智能存款，该类产品是支取灵活的定期存款，根据持有的期限靠档计息，减少了储户提前支取存款的利息损失，有的银行可以按月付息，相比传统银行存款具有较大优势，全线上操作也提高了储户的体验；二是定期存款收益权转让类产品，即将存款收益权转让给第三方机构以实现定期存款活期化。

通过创新存款产品，大多数民营银行由成立初期依靠同业存款逐步发展到以一般存款为主。如2019年，新网银行吸收一般存款首次超过同业存款，一般存款267.2亿元，占67.1%；同业存款104亿元，仅占26.2%。这反映出三年来，新网银行的公众认可度有了较大提高，融资渠道更为多元；富民银行存款总额289.63亿元，占负债总额的69.20%，吸收同业存款46.1亿元，占19.33%。

3. 创新供应链金融产品，打造产业链金融生态

与传统的供应链不同，民营银行摆脱了过度依赖核心企业的信用及担保，运用互联网、物联网、大数据、区块链、生物识别、人工智能等科技手段识别风险，完善风控技术和风险模型，大力发展线上供应链金融业务。

目前，民营银行开展供应链金融主要有两种模式：一是围绕产业链核心企业，以核心企业为依托开展供应链金融业务，如三湘银行、民商银行等；二是积极与平台企业合作，依托平台庞大的上游供应商资源和下游B端C端客户，开展供应链金融业务，如苏宁银行、众邦银行等。

案例1：众邦银行"众链贷"

"众链贷"是众邦银行一系列供应链金融产品的统称，旗下产品包含信用贷款产品"邦信"、订单融资产品"邦采"和保理产品"邦收"三款细分产品，每一款细分产品针对不同场景下的企业融资需求。"众链贷"综合运用区块链、物联网、大数据风控和人工智能等多种新型技术，为核心企业和核心供应链管理平台上下游企业提供融资服务。通过"倚天"智能风控决策平台，小微企业无需抵押，只需通过交易场景平台线上申请，就能完成对企业信息的认证和风险判定，进而完成智能化的信用评分、授信审批和发放资金。目前，众邦银行已与中农网、化塑汇、卓钢链等优质B2B供应链管理平台进行深度产融一体化合作，有效提高了金融服务供应链小微企业的效率，降低了融资成本，促进相关产业供应链的良性运转和实体产业的发展。截至2020年6月末，"众链贷"产品累计投放金额110亿元，服务客户数超过4 500户，客户规模以小微企业（包括个体工商户）为主，客户行业以批发零售和制造业、航空运输服务业为主，客户地域分布以华中为基点向全国发散。

案例2：苏宁银行的动产质押融资

在动产质押、库存融资等涉及货物监管的供应链金融业务中，如何对抵质押物进行有效监管成为了最核心的业务问题。苏宁银行在完全自主知识产权开发的供应链融资系统的基础上，通过区块链技术可追溯、不可篡改的特性在银行、仓储监管机构和货主之间构建可信任的联盟链，上线了区块链福费廷业务，大幅度提高了国内信用证结算及融资业务效率；自主研发了"区块链+物联网"动产质押融资系统——货E融，通过物联网技术实现仓储货物的实时、可视化监管和预警，解决了动产质押的风控难题，开创了业内先河。2018年9月30日，苏宁银行将物联网技术和区块链技术结合，成功对靖江太和港务的煤炭进行了抵押授信。截至2020年6月底，苏宁银行供应链金融累计投放已超过150亿元。

案例3：三湘银行产业链融资

三湘银行面向目标产业链小微企业提供经营周转贷款，助力其实现创业创新成功（B端客户）；面向目标产业链企业员工和产业C端，以及长尾人群提供小额消费贷款（C端客户）。目前三湘银行围绕核心企业已打造了14款定制化产业链C端融资产品，其中代表产品有："装备系列贷""正邦贷""隆平高科""唐人神"等。截至2020年6月底，三湘银行产业链金融产品中，累计发放产业贷款294.42亿元，余额145.89亿元。

"链贷"是2020年三湘银行产业链融资的全新代表产品。该产品具有额度高、放款快、期限长、还款灵活等特点。包括：信用贷、存货贷、订单贷、应收贷等子产品。三湘银行作为产业的金融合伙人，根据各目标产业生态圈的具体特点，以核心企业为依托，面向小微企业，通过产业银行平台在线实现产业链各环节信息流、物流和资金流各个系统间的无缝对接，为上游供应商、下游经销商、物流仓储服务商、交易平台及终端客户，提供符合其自身行业特色的、深度定制化的、产业互联网化的融资解决方案，助力他们提高交易效率、降低交易成本、把握市场先机、实现价值增长。

案例4：民商银行"一带一链"产品

民商银行以正泰、华峰、森马等股东单位为试点探索供应链金融，借助金融科技尝试供应链下游订单融资业务，在传统供应链业务的基础上进一步延伸发力，目前已与泰易嘉博等平台建立数据互通纽带，其下游采购商可通过在线上采购产品实现订单融资，对方系统将订单及客户信息推送给民商银行系统，该行根据客户需求和实际情况给予授信，授信成功后，客户在平台结算时，可用授信额度内的金额进行支付，自主用信、随借随还、额度循环使用，减轻客户资金压力，也为该行积淀批量客户，此种模式可有效控制风险、减轻营销成本。截至2020年6月末，贷款余额合计11.31亿元。

代表性产品"阳光贷"，是民商银行结合供应链金融市场定位，依托股东正泰电器等核心企业地位，将农户、小微企业为主要服务对象，紧紧围绕"普惠金融""绿色金融"两大金融服务领域的特色信贷产品，被温州市银行业协会评为"服务小微企业优秀金融产品"。截至2020年6月末，"阳光贷"贷款累计金额4.83亿元，累计笔数4 462笔；供应链金融贷款（含阳光贷）累计金额7.44亿元，累计笔数5 625笔。

案例5：华瑞银行的"瑞e订"

"瑞e订"是华瑞银行围绕建筑产业，打造风险可控、融资灵活、操作便捷、资产安全的智慧供应链金融产品。该产品通过与1家核心平台的合作，将M家核心买方的信用有效引入链中，在双核心的驱动下，将融资服务向N家二级供应商延伸，在建筑产业供应链中，创新了"N+1+M模式"，并且以封闭式供应链管理为服务场景，在产品组合、贸易背景追踪、交易信息验证、融资在线操作等方面实现突破，通过与核心企业的银企直联，实现资金流、物流、票据流三流合一的闭环式管理。通过为供应链上游建材产品的小微企业提供保理融资服务，实现了对中小微供应商的融资时点前移，将滞后的交易账期转化为灵活的融资账期，破解了建材行业核心企业往往因强势地位对供货方采取赊销方式，导致上游企业承受较大的资金压力的痛点，有效地扩大了供应链金融对上下游多方的惠及度，加快了资金的周转效率，经营水平得到明显改善，帮助小微企业实现零账期经营。截至2019年年底，华瑞银行智慧供应链业务累计放款额187.47亿元，余额46.66亿元，同比增长61.22%。

4. 积极探索"投贷联动"，服务科创企业

科技创业具有高风险、高收益、高度不确定性的特性，导致了银行开展科创贷款业务在风险和收益上的不匹配性，加之目前银行遵循的"安全性、流动性、盈利性"的审慎经营准则与科创企业高度不确定性的特性之间存在结构性矛盾，科创企业的融资难问题就更加严峻。华瑞银行和中关村银行积极服务科创企业，探索采用以认股权证为核心的投贷联动的方式，支持处在成长阶段的科技型创新创业企业。银行在贷款过程中，与企业签署少量的认股期权（Warrants），以获取未来的股权收益。通过对企业股权的持有，将有效分享企业成长中带来的超额价值收益，科创企业所具有的高成长性也为银行实现风险与收益平衡提供了可能性。从而抵补业务开展中由于不确定性而导致的风险，摆脱了中小企业信贷业务开展过程中过度依赖抵押物的融资弊端。

案例1：华瑞银行科创金融业务

华瑞银行坚持市场价值导向、回归信贷本质，不断探索金融创新，针对科创企业"轻资产、无抵押"特征，创新打造具有创投基因的信贷标准和流程，建立客户信贷"新三查"标准，向科创小微企业提供以信用为主的风险贷款。华瑞银行与优秀风险投资机构进行合作，以投资机构主"投"、华瑞银行主"贷"的方式实现投贷联动，并将配套获得的认股期权作为重要风险抵补手段之一，建立了"以贷为主、以持有认股期权为辅"的科创金融业务模式。由于科创金融与传统信贷在风险认知、经营理念、业务拓展等方面存在巨大差异，科创金融与传统信贷之间容易形成巨大的文化冲突。为避免这种冲突造成的不利影响，华瑞银行强化科创金融业务的独立性，着力在组织架构、风控管理、信贷标准、考核激励、信息系统、运营管理等方面建立专门机制，形成符合科创金融战略发展方向的专门体制机制。

截至2019年年底，华瑞银行科创金融业务覆盖信息技术、生物医疗、节能环保等多个领域，科创金融风险贷款余额20.7亿元，累计放款150亿元，户均融资余额602万元，客户均为民营企业，96%以上为小微企业。新增科创金融风险贷款客户中"硬科技"占比达56%。华瑞银行通过投贷联动服务的企业中，大部分业绩成长良好，众多企业获得新一轮融资，估值明显提升。截至2020年6月底，已上市企业3户，筹划上市企业5户，行业独角兽/准独角兽9户，行业头部及明星企业19户。

案例2：中关村银行"认股权贷款"

2017年底，中关村银行首推针对创业头部公司的"认股权贷款"产品，该产品最高额度为5 000万元，通过"股权+债权相结合"的服务模式，用投资收益抵补信贷风险，实现银行对科创企业信贷投放的风险和收益匹配。

该产品的具体业务模式为：银行在给科创企业贷款的同时，通过合作投资机构取得企业的认股选择权，以弥补可能存在的风险。银行具体的认股权跟企业的提款额挂钩，假设企业的提款额为2 000万元，银行将获得提款额的20%～30%作为认股权，而对于风险相对较大的企业，这一比例可能会更高。在相同融资金额的情况下，中关村银行能以较少的股权稀释代价帮助创业者拿到融资。

如中关村银行在2018年给予了未获得过银行授信的企业欢聚文化公司6 000万元认股权贷款。节约了欢聚文化的融资成本,使企业在PRE-IPO阶段拿到了充足的资金,有效支持了业务快速发展,并最终实现在2018年底成功上市。

截至2020年10月末,中关村银行当年新发放认股权贷款5.16亿元。三年来累计投放认股权贷款170余笔,支持科技创新型企业62户,投放贷款金额达19.20亿元,服务了很多有潜力成为独角兽的优质前沿技术、科技企业和新经济的创业企业,包括科信必成、声智科技、中航智、精进电动、升哲科技、微步科技、柏惠维康、氪空间、慧算账、安心医生等一大批前沿技术、硬科技企业和新经济的创业企业。

5. 构建开放银行体系,技术赋能场景金融

构建开放型银行是民营银行的重要方向之一,他们积极与电商、汽车销售、航旅出行、社交、安居、娱乐、教育等民生领域的互联网平台合作,发挥金融业务服务商的科技优势,根据不同场景的客户行为和特点,有针对性地设计个人消费产品,研发不同场景的技术应用和风控模型,向合作机构开放技术、开放接口。银行获得流量、场景和渠道,合作伙伴获得技术赋能,双方实现互助共赢。

案例1:新网银行的金融"万能连接器"

新网银行提出做金融服务领域的"万能连接器",积极向民生领域的互联网平台开放自身技术,开放应用程序编程(API)接口,新网银行能够封装整合多类型金融功能模块,将账户、支付、风控等业务能力组件化输出给合作伙伴。截至2019年8月底,新网银行共开放了300余个API接口,在购车、教育、交通出行、电商购物等平台接入了消费信贷、支付结算等业务。

新网银行成为滴滴出行"滴水贷"的资金出具方与唯一风控审核主体;新网银行是今日头条APP的"放心借"信贷产品的实际放款方之一。新网银行与互联网平台合作,拓宽了新网"好人贷"产品的客户群,实现流量变现。

案例2：华瑞银行的"航旅贷"

华瑞银行通过开放SDK合作的方式，与各类平台合作，布局互联网支付、借贷和投资理财，快速开展了消费信贷业务。以"航旅贷"为突破的数字零售业务是华瑞银行未来发展的重要增长点之一，2019年年末贷款余额超过2亿元。

案例3：微众银行的"开放银行"场景金融与技术

微众银行坚持打造开放银行，通过开放自身API、SDK、H5等方式，赋能合作伙伴。微众银行积极拓展与平台的合作渠道，打通普惠金融的关键发力点，整合资源服务普罗大众和小微企业。2019年，微众银行与腾讯云联合成立金融科技创新实验室，合作研发面向"开放银行"场景的基础架构、金融应用、体验创新，探索分布式计算、分布式数据库、量子通讯、智能运维体系等技术的深度应用，联合打造满足开放银行各个场景需要的智能风控、金融安全、区块链，并结合优势的产品设计能力与运营经验，探索金融服务创新。

如微众银行的"微车贷"，是一款"互联网+汽车金融"场景产品，为4S店经销商提供库融贷、采购贷，为二手车商提供单车采购贷、库融贷，为零售客户提供新车分期、二手车分期等金融服务。几年来，通过"微车贷"业务，微众银行一共赋能了21家合作平台，与28家银行达成合作。截至2019年年末，"微车贷"累计放款1 139亿元，在贷余额603亿元，三线以下城市客户占2/3。

案例4：亿联银行践行开放银行战略

亿联银行在银行业数字化转型升级的实践中，构建开放银行体系，制定实施路径和步骤，将自身打造成金融服务的智能连接器。一是开放API、SDK端口，开放金融产品服务和金融科技能力，与具有交易场景的互联网平台有效对接，打造共享平台，为互联网平台个人客户和小微企业提供账户、支付结算、收单清算等服务，挖掘各类交易平台的客户资源和业务需求；二是整合资金端、供给端资源，根据需求主体，提供资金、产品服务、交易能力等服务，实现供给和需求之间的高效匹配；三是打造财富连接器，整合基金、保险、银行等金融机构的理财产品，向合作平台输出财富金融产品以及财富管理能力，帮助合作平台精准筛选目标客户，搭建新的获客场景。

6. 创新联合贷款模式，优势互补合作共赢

民营银行秉持开放合作态度，积极与一些商业银行等金融机构开展合作，创新联合贷款业务模式，即通过按比例双方共同出资、共同开展风险管理，各自承担风险的模式，直接面向个人消费者和小微企业提供在线信贷服务。一是传统大型商业银行有资金优势，联合贷款可以弥补民营互联网银行自身规模小、资金来源渠道窄的不足，快速扩大业务规模，提高市场占有率；二是民营互联网银行具有小微企业和个人客户的资源优势，有高度数字化的风控技术体系，联合贷款为民营银行通过输出技术和客户资源方式获得服务费收入，盈利能力得到提高；三是大型商业银行通过联合贷款，提高了自身风控能力，增加了客源，较为安全可靠地实现了扩大普惠金融的目标，惠及了更多的小微企业和个人用户，起到了四两拨千斤的效果。例如，微众银行已与邮储银行、上海银行、天津银行、华夏银行等50余家银行达成联合放款合作协议。富民银行成功对接了28家银行机构开展联合贷款。新网银行将联合贷款视为平台化战略的重要组成部分，通过与同业优势互补的深度合作，实现与合作银行在风控技术、客户基础等方面相互嫁接，加速业务发展。

案例：网商银行联合贷款

截至2020年6月末，网商银行共与44家银行开展联合贷款业务，贷款余额达898亿元，基本实现其联合多类别金融机构共同服务三千万小微经营者和农户的目标。在联合贷款合作的开展过程中，为提升合作银行的数字化风控能力，网商银行在每个季度与所有合作行召开联合风控研讨会，与同业分享自身的数字化风控经验，从而帮助合作银行降低了技术研发和投入成本。对于那些缺乏数据处理能力和建模经验，也没有大数据风控系统的合作银行，网商银行通过同业系统的托管服务试点，帮助他们实现数据处理配制化、授信审批自动化、模型策略产品化、业务流程线上化，使他们初步了具备普惠金融服务自主能力。

（五）构建智能风控体系，有效防范信用和流动性风险

民营银行不断完善全面风险管理体系，制度管理架构逐步构成，努力实现信用风险、市场风险、流动性风险、操作风险、法律风险、欺诈风险和系统安全风险等全覆盖。民营银行主要面临外部信用风险和内部流动性风险。一是民营银行为中小微企业、"三农"和社区民众以及创业者提供金融服务，服务对象普遍资金实力较弱，缺少抵押担保，抵御风险的能力也较低；二是民营银行成立时间短，资金实力和融资能力薄弱，银行的流动性风险较高，这些都对民营银行的风控能力提出了更高的要求。在风险防控方面，多数民营银行十分重视应用大数据、人工智能、物联网、云计算等前沿技术，打造数字化、智能化的动态风险防控体系，变"人治"为"数治"。多家银行都建设完成了智能风控系统，在量化模型、授信策略、反欺诈、数据指标和云计算的算力方面具备领先优势。例如网商银行建立的全链路风险管控体系，富民银行打造基于大数据的F.A.R"远鉴"智能风控平台等。众邦银行的"倚天"智能风控决策平台，包括114个子模型应用，涵盖数据维度超6 000个，风控数据字段1.2万个。数据化风控使民营银行贷款业务的整体不良率维持在较低水平。对于防范流动性风险，民营银行加强对风险识别、计量、监测和控制，建立流动性风险管理治理结构，构建业务合规管理，明确处理风险的策略、政策和程序，清算账户日间资金调拨与监测，开展压力测试和流动性应急演练，以确保银行具备良好的流动性风险抗压能力和应急响应。

案例1：网商银行的全链路风险管控体系

网商银行基于数据技术、人工智能、云计算领域的前沿技术，逐渐形成了复杂而全面的动态智能数据化风控体系，网商银行的全链路风险管控体系在量化模型、授信策略、反欺诈、数据技术和算力方面都具备领先优势。网商银行的小微企业相关数据达到了千亿级别，大数据包括结构化数据、数字化数据、文本类数据、图像类数据、声频和视频数据、传统结构性数据，新生非结构性数据等，具有场景化的特征，类型和内容极为丰富，有高度的时效性和准确性。网商银行在贷前、贷中、贷后这三个阶段的风险控制流程中建立了超过5 000条授信决策规则，通过对这些授信决策规则的不同组合，并基于客户的信

贷生命周期和交易场景，形成差异化的授信准入额度和评估。

该行利用大数据技术，为海量用户建立准确的用户画像，同时建立了包括10万项以上的指标体系、100多个预测模型和3 000多种风控策略进行风险控制，实现了对小微企业更加精准的风险评估，有效降低了信贷风险。尽管服务着1 500万家小微企业，但网商银行的贷款不良率仅为1.25%。

在处置流动性风险方面，网商银行建立了数据化、模型化的流动性管理平台，上线了资金预测模型，对现金流缺口进行模型化预测、系统化监测及预警；还使用头寸分级预警和监控大盘系统，实现渠道现金流实时监控和业务实时监控。此外，网商银行注重对资产转让交易结构的优化，在保障支付清算安全的基础上，灵活调整优质流动性资产配置结构，提高资金运作收益；并通过优化流动性资产组合结构、强化风险预警限额管控、建立新业务流动性评估模型等多项措施，保持流动性整体平稳。[①]

案例2：微众银行运用金融科技，构建风控体系

为防范客户的欺诈风险和信用风险，微众银行运用多种金融科技技术，以大数据为核心，构建风险规则，引入决策树、随机森林、神经网络等机器学习方法，建成包括征信、互联网、反欺诈等七大类风险模型，以及信用风险策略、反欺诈、拨备、征信、风险参数等五大工具箱。目前，微众银行已累计建立互联网大数据、征信和反欺诈等风控模型超400个，建立风险参数超10万个。防范欺诈风险方面，该行将大数据与人脸识别、声纹识别等生物技术相结合，能够精准识别客户身份；将央行的征信和公安的数据，与互联网大数据、用户行为数据等新型数据相结合，全面评估信用风险。微众银行还运用人工智能技术于联合建模、电核录音质检、风险管理名单等风控领域，有效识别、监控客户的欺诈风险、信用风险。

微众银行的流动性风险管理、市场与利率风险管理、操作风险管理、信息科技风险管理等方面建立相应的风险管控策略，例如，开展风险内控矩阵RCM的建设和应用，利用人工智能AI、流程自动化RPA、图像文字识别OCR等技术，提升内控的信息化水平和信息的透明度。

---

① 数据来源：网商银行2015—2018年历年年报[Z].浙江:网商银行,2018.

案例3：华瑞银行贷前、贷中、贷后全流程的风控体系

华瑞银行在其智慧供应链金融产品设计中，通过生物识别、人工智能、云计算及物联网等关键技术的应用，搭建覆盖贷前、贷中、贷后全流程的风控体系。一是依托信息和数据技术，依法合规收集客户、物流、仓储、征信以及第三方可验证数据，刻画客户画像，构建大数据风控模型，实现授信评估和授信决策；二是推进在线供应链金融业务操作标准化、线上化、透明化，降低操作风险；三是定期收集客户经营、财务、订单、现金流量变动，智能比对分析，提升风险管控有效性和精准度；四是在合规前提下业务流程极简，最大程度提升客户体验。

在华瑞银行"大航旅"项目中，该行数字零售金融业务总部"大航旅"项目自主研发的具有航旅金融特色的智慧反欺诈系统V2.0（简称"护航"）和智慧全流程风控平台V2.0（简称"天舰"）已于2019年12月11日成功获批中国国家计算机软件著作权登记证书。"护航"系统包含客户画像、决策引擎、模型开发、实时监控、知识图谱、特征工程等功能；"天舰"系统囊括产品管理、进件管理、业务监控、黑灰红名单管理、贷后预警、催收管理等功能，真正实现了全流程自主智慧风控，为"大航旅"业务进一步发展保驾护航。

案例4：新网银行九大模型、八个维度的风控系统

新网银行具备较为健全的风险防控体系，能够运用大数据、云计算、人脸识别、深度学习等技术，进行用户画像；还建立了包括信用评分模型、履约能力指数模型、恶意透支指数模型、消费倾向模型、资金需求指数模型、个人稳定性指数模型、社交活跃度模型、网络使用倾向模型、游戏沉迷指数模型共九大模型在内的风控系统；以及个人信息分析系统"棱镜"——从身份、关系、职业、资产、黑名单、操守、意愿、教育八个维度对借款人进行还款能力与意愿判定。[①] 新网银行还运用机器学习原理，构造风险量化工具，建立贷后监控机制，有效防控来自客户的信用风险和欺诈风险。

---

① 搜狐网.新网银行：让金融无处不在、无时不有、无人不享[EB/OL].https://www.sohu.com/a/226446539_400809,2018-03-27.

案例5：三湘银行数字风控，五道防线

三湘银行建设数字风控体系。一是完善核心数据和数据湖，建立以申请数据、人行征信、百行征信、贷后数据为核心数据，以社保、发票、房产估值、税务、司法、产业链信息、民间借贷、外部黑名单等合法、合规外部数据源为卫星数据的数据湖；二是完善风险策略体系，实现贷前反欺诈、准入、授信和用信四大类风险策略自动化；三是构建与场景金融产品相适配的风控能力；四是建立目标产业链B端风控模式；五是打造数字化风控能力，建立反欺诈策略、信用评估和收益预测三大工具箱。

构筑五道风控防线。第一道防线是建立反欺诈体系，筛选出好人与坏人；第二道防线是按产品建立信贷策略规则和专家数据模型；第三道防线是通过内部挖掘和外部合作，找到合适的、可靠的数据信息；第四道防线是进行数据信息验证信贷数据模型的正确性和有效性；第五道防线是根据验证结果持续调整、优化模型，找到准确的模型误差，使之符合业务场景。

（六）充分利用股东优势，共享资源快速成长

民营银行发起人和主要股东均为全国或者当地经济实力较强的民营企业，在民营银行成长的过程中，优秀民营企业股东，尤其是主要股东，对民营银行战略定位的确立、经营理念的形成，以及发展方式的选择等都发挥了关键作用。

民营银行能在发展早期实现快速增长，也离不开股东的大力支持。各家银行的主要股东都在客户资源、存款支持、数据共享、技术支持等方面对民营银行给予了全方位的帮助和支持，为民营银行的发展注入了活力。

1. 股东背景对民营银行发展方向具有重要影响

民营银行控股股东的产业背景各异，其中既有互联网巨头，也有传统制造业的领先企业，迥异的股东背景也影响和造就了民营银行不同的发展路径。

主要股东为互联网巨头的民营银行普遍更具备互联网思维，更重视金融科技，在创新方面走在了民营银行的前列。微众银行和网商银行几年来的出色表现，离不开股东腾讯和蚂蚁金服的大力支持。

而主要股东产业背景特别是制造业背景深厚的民营银行,则对相关区域和行业有更深入的了解,在发展供应链金融和服务小微企业方面具有天然优势,如三湘银行、众邦银行、蓝海银行等,都把供应链金融作为发力的重点。

2. 全方位提供支持,助力民营银行快速发展

一是在负债业务上对民营银行提供直接支持。民营银行成立之初,负债来源较为单一,普遍在吸收存款方面存在较大困难,大股东均采取安排集团公司和各下属子公司来开立企业存款账户、企业员工代发工资业务等方式,为民营银行稳定负债规模打下坚实基础。

以华瑞银行为例,开业以来,各股东单位账户存款常年日均余额约10亿元,最高时达到20亿元。

二是共享场景和客户资源,助力民营银行业务拓展。大多数民营银行股东实力雄厚,产业链庞大,业态与场景多样,客户基础良好,为民营银行提供了较为庞大的客户资源。依托大股东产业生态链、供应链以及销售等场景,民营银行在发展初期就能快速获得客户流量和切入场景,开拓业务领域。

如三湘银行,通过整合大股东三一集团产业链上下游的资源和信息,搭建供应链金融平台,为核心企业上下游的小微企业提供全方位的金融服务,在支持产业经济发展的同时,形成银行的核心竞争力。

再如众邦银行通过核心企业、交易平台、金融同业来获客,其大股东卓尔集团旗下的卓尔智联是全国最大的B2B管理平台,众邦银行依托股东的资源优势和交易平台,快速实现客户转换与场景接入,与34家平台合作搭建垂直化的产业供应链金融。截至2020年6月末,众邦银行客户数达到1 609万户。

又如苏宁银行,大股东苏宁易购的体系内就有30多万家供应商及其上下游商户和数亿消费者,为苏宁银行发展消费金融和供应链金融业务提供了客户基础。苏宁银行自主研发的基于区块链技术的动产质押融资平台,率先在苏宁生态圈内试验,经过不断改良,成功融合物联网技术,最终实现了苏宁体系之外的"物联网+区块链"动产质押业务。

再如亿联银行,与大股东美团在个人消费贷款、个人经营贷款、信用支付、财富管理等方面均实现率先合作。目前,美团点评对亿联贡献了约170亿元规模的贷款业务,并在日常贷款流量、客户筛选、风险建模合作方面对亿联银行提供支持。

（七）发挥民营机制优势，经营灵活管理高效

作为我国银行业中的民营企业和小微企业，产权清晰、机制灵活、市场反映敏锐、创新能力强、注重经营效益等民营企业所具有的突出优势也在民营银行群体得到了集中体现，并不断转化为民营银行的竞争优势。

1. 组织结构扁平化，决策效率高

民营银行创立时间普遍较短，多采用扁平化的组织机构，决策链条短，管理更加高效。例如，温州民商银行脱胎于温商民营资本，身携民营基因，具备"机制灵活、响应迅速、决策高效、流程简便"的特点，积极发挥自身优势，在机制、效率、服务上做文章。

在组织形式上，民营银行根据互联网银行运行的特征，普遍采取"大中台"构架，如新网银行、微众银行、网商银行等均建立了技术驱动型的组织架构，其特征为大中台、重技术、扁平化，有利于数字化银行的高效运行。在推进新业务和新产品开发时，民营银行通常采用灵活的组织形式，打破部门格局，集中业务、风险、科技、运营等前中后台资源共同推进，能够得到高效且快速的效果。

2. 市场反应灵敏，服务意识强

民营银行在激烈的竞争环境下能够敏感地捕捉到市场机会，并能快速做出反应和行动，执行力更强、创新环境更优，尤其适合在普惠金融业务领域内的竞争。

如微众银行，在产品研发上，采用互联网思维和打法，开发产品以敏捷快速著称。该行在存、贷、汇三大主要板块系统搭建之初，即配备相应的科技产品经理，由其定义相关系统模型，将科技部门和业务的产品经营高效融合，这样，金融产品形态定义出来后可火速上线运行，大大缩短了IT团队的交付周期。2020年年初新冠疫情期间，为加速落实小微企业纾困计划，该行仅用11天的时间就完成了一个新产品的投放。

3. 人才激励约束机制市场化程度高

民营银行充分发挥民营企业机制灵活的优势，在选人用人方面按"员工能进能出、岗位能上能下、收入能高能低"的机制和"数字化、产业化、年轻化、市场化"用人标准，可面向全球招募金融科技领军人才和产业专家，打造

产业互联网银行专精队伍。在激励机制的保障上，相对于国有银行在员工的薪酬设计和保障安排上更加灵活合理，可有效激励优秀年轻技术人员的拼搏精神。

（八）积极履行社会责任，主动作为回馈社会

民营银行普遍把发展普惠金融和服务实体经济当作最大的社会责任，在发展过程中始终恪守企业社会责任，不忘回馈社会，在保障特殊群体金融需求、助力金融扶贫、保护消费者权益、关爱员工成长和慈善公益等方面积极作为，成效显著。特别是2020年，面对新型冠状病毒感染肺炎重大疫情，广大民营银行快速响应、积极作为，用优质快捷高效的金融服务助力疫情防控和复工复产。

1. 创新开展农村金融，助力打赢脱贫攻坚

民营银行积极响应中央号召，助力打赢脱贫攻坚战。除捐款捐物外，还不断创新金融扶农扶贫的方式方法，将金融科技贯穿到农业金融的全过程，把金融服务送到身处偏远地区的农户，为新型农业生产经营主体提供更便捷、更精准和额度更加适配的信贷服务，助力乡村产业振兴。运用金融科技手段大力推进精准扶贫，加大扶贫信贷投放力度，助力精准扶贫。

案例1：网商银行运用金融科技手段开展农村金融

2017年起，蚂蚁金服及网商银行启动了"普惠金融+智慧县域"项目，用大数据技术为农户做信用画像，向农户提供无担保无抵押的纯信用贷款。2018年，网商银行智慧县域模式逐渐成熟，经过县级政府自授权和"三农"用户的在线授权，与县政府联网，将政府在行政过程中沉淀的农户土地确权、土地流转、农业保险、新农合等经营数据应用到授信范围。在智慧县域模式成功推行的基础上，网商银行于2019年上线了"亿亩田"项目，利用卫星遥感技术，结合深度神经网络、AI模型算法建立了28个卫星识别模型，涵盖水稻、小麦、玉米等的全生长周期识别模型、地块识别等模型，通过卫星开源把中国很大比例的农田作物等地表信息纳入到授信范围，搭建农户专属风控模型。同时根据农忙时间、季节差异、区域特点、历史气候等因素，形成基于"地

域—气候—作物—农户"的全方位种植评价体系，为县域内新型农业生产经营主体提供更便捷、更精准和额度更加适配的信贷服务，支持农户的生产经营，服务亿亩良田，助力乡村产业振兴。

此外，网商银行还通过与地方商业银行和其他小贷机构创新合作，共同为"三农"用户提供金融服务。例如与桂林银行共同探索规模化授信，以线上+线下相结合的形式，推出以小额、批量、信用、线上为特点的融资产品，并借助各级政府、农资供应商、核心企业，对特定区域、产业、人群进行精准的信贷投入。例如，与重庆农村商业银行合作，围绕重庆特色优势农业产业，推出"旺农贷·渝农贷"等线上农村金融业务，运用大数据精准营销，结合农民专业合作社金融需求探索风控模型和信贷产品。

截至2020年6月末，网商银行已经和全国约650个县签订了普惠金融合作协议，占整个中国涉农县域的三分之一，覆盖种植大户100多万户，授信总额超过500亿元。

案例2：微众银行金融精准扶贫

微众银行借助"微粒贷"联合贷款模式将贷款规模扩大至更多贫困地区，为贫困县贡献税收。新增税收被当地政府用于改善道路、饮水等基础设施条件，为当地经济作物打通交易渠道，有效促进了老百姓自主经营和创收增收。截至2019年年底，该扶贫模式覆盖了酉阳县、巫山县、万安县、修水县等39个贫困县（其中国家级29个），核算到当地的贷款规模超过690亿元，同比增长约31.6%；累计为贫困地区贡献增值税税额超9亿元，2019年当年贡献5.32亿元，环比增长68.6%。此外，该行还积极响应监管要求，运用金融科技手段大力推进精准扶贫，累计为超过80万建档立卡贫困客户成功发放贷款。

案例3：亿联银行的线上信用贷款产品"亿农贷"

亿联银行在吉林省成功试点纯线上无抵押的信用贷款产品"亿农贷"，以农村土地经营权为依托，采取农户将土地经营权流转给吉林省金控集团股份有限公司下属的物权公司，由物权公司负责为农户提供全额增信的服务模式。截至2020年7月末，"亿农贷"累计向8 100余户农户投放信贷3.3亿元。

2. 满足特殊群体金融需求,关爱残障人士

在不断提高普惠金融可得性和服务质效的同时,民营银行在服务特殊群体金融需求方面也进行了积极探索。

如微众银行,通过手语视频和无障碍版本App,使听障、视障和有语言障碍人士无需他人帮助也可获得银行服务,让普惠金融的阳光照到每一个角落。"微粒贷"专门为听障和有语言障碍人士组建了一支专职手语专家服务团队,通过远程视频以手语方式核实客户身份和借款意愿,使得听障和有语言障碍客户同样能够享受到安全、便捷的普惠金融服务。截至2019年年底,"微粒贷"手语客服项目已累计服务8000多位听障客户,其中不少客户发来锦旗和感谢信,对微众银行的贴心、细心和温馨的金融服务表示高度认可和感谢。此外,2019年,微众银行App发布4.0版本,该版本支持信息无障碍化服务,让视障客户群体通过触摸、滑动、双击等操作,结合系统读屏功能的语音提示,无障碍完成开户、转账、购买理财等服务,极大地提高生活便利度,使他们可以平等、有尊严地享受手机金融服务。

3. 积极主动抗击疫情,助力企业复工复产

2020年新冠疫情期间,为全力支持抗击新冠肺炎疫情,各民营银行积极响应国家号召,坚持急事急办、特事特办原则,结合各地疫情防控、复工复产的亟须事项,通过捐赠款项物资、提供专项信贷、延长贷款期限、无还本续贷、给予利率优惠、减免各类收费、落实征信保护、优化基础服务等措施,为疫情防控和企业复工复产全力做好金融服务保障。

例如,地处武汉的众邦银行推出了"战疫云贷"专项贷款产品,专门用于受疫情影响的本地小微企业及供应链上下游企业,提供纯线上、低利率、手续简、风险小、批量化货款服务,缓解短期流动资金难题。"战疫云贷"共发放628笔贷款,金额7.45亿元。众邦银行还主动下调小微企业贷款利率,执行普惠小微企业LPR利率参考定价机制。该行还对受疫情影响企业主动予以展期或续贷、延期还本付息,免收罚息复息等,截至2020年6月30日底,已对2 558户企业实施延期还本付息政策,涉及延期还本付息的贷款本息金额达97.63亿元。

再如民商银行在疫情期间,对疫情影响正常经营、暂时遇到困难的企业,通过无还本续贷、信贷重组、减免逾期利息等方式予以全力支持,坚决不抽贷、不断贷、不压贷。

又如，网商银行在疫情发生后，首先向湖北150万线下小店和30万医药类小店下调20%利息，而后向湖北的淘宝卖家提供3个月免息贷款支持。网商银行还与全国工商联联合发起"无接触贷款助微计划"：为线上小微商家提前支付货款，为餐饮业提供专项资金支持，为快消业中小经销商提供免息贷款优惠活动，为物流业提供专项贷款，为卡车司机提供专项优惠贷款，为种植户提供专项贷款，助力销售困难企业获取资金支持，扩大票据贴现优惠范围，助力市场口碑良好的小微商家加速复工，帮助线下商户免费开拓线上经营渠道。[①] 联合全国数百家金融机构，在半年内支持全国约1000万家小微企业、个体工商户及农户等复工复产。

三、民营银行面临的困难和实现高质量发展的政策建议

习近平总书记指出，深化金融供给侧结构性改革，要构建多层次、广覆盖、有差异的银行体系，增加中小金融机构数量和业务比重，为实体经济发展提供更高质量、更有效率的金融服务。作为我国金融体系的有益补充，民营银行在开展普惠金融、推动金融科技创新、服务小微、"三农"等实体经济方面优势突出、作用独特，民营银行的发展前景广阔、大有可为。

然而，目前民营银行在发展中还面临不少困难，业务开展受到较多限制，其服务小微企业和实体经济方面的潜能还远未能真正发挥出来。要进一步深化金融改革，完善政策体系，打破制约民营银行发展的各种障碍，为民营银行发展创造良好的环境，促进民营银行实现更高质量发展。

（一）民营银行发展面临诸多政策障碍

在政策方面，民营银行在股东资质、市场准入、资金渠道等方面仍然存在不少障碍。

---

① 中国银行业协会.中国银行业协会与全国工商联、网商银行等联合发起"无接触贷款助微计划"[EB/OL].https://www.china-cba.net/Index/show/catid/235/id/30929,2020-03-05.

1. 不合理性政策歧视客观存在，民营银行发展受限

一是股东剩余风险承担加重责任。《中国银监会关于民营银行监管的指导意见》（银监发〔2016〕57号）中规定"民营银行应当在银行章程或协议中载明，股东承担剩余风险的制度安排，推动股东为银行增信，落实股东在银行处置过程中的责任"，不仅要求民营银行以其全部财产对自身债务承担责任，当全部财产不足以清偿时，还要求发起股东以其自身资产承担民营银行的坏账风险，即以"实际出资额的一倍为限额"承担银行经营失败的剩余风险。在监管要求下，已经设立的19家民营银行均建立了剩余风险承担的制度安排。这一规定要求入股民营银行的民资股东承担了额外的加重义务，然而投资银行业的国资、外资股东则不需要履行此义务。

另外，民营银行的主要股东在承担了更大责任的情况下，持股比例不能超过30%，特别是那些自身资源丰富、对银行发展投入更多的股东，受持股比例限制，无法充分分享银行发展的红利，投资与收益不成正比，扭曲了合理的利润分配机制，不利于股东持续投入资源，也不利于民营银行建立健全的公司治理体系。

二是由于"一行一店"政策要求，民营银行业务拓展能力受限。《中国银监会市场准入实施细则》明确规定，民营银行应坚持"一行一店"模式，在总行所在城市仅可设1家营业部，不得跨区域。

民营银行网点设立严苛于城市商业银行和村镇银行，属于不合理规定。如早在2006年银监会就下发《城市商业银行异地分支机构管理办法》，鼓励各家城商行设立异地分支机构，到2009年限制进一步放宽。银监会于2014修订完善《农村中小金融机构行政许可事项实施办法》，放宽村镇银行在乡镇设立支行的条件，将设立支行的年限要求由开业后2年调整为半年。

"一行一店"政策要求严重影响了民营银行的业务拓展，导致民营银行在竞争中处于劣势地位，阻碍了民营银行的发展壮大。

调研中，还有银行反映跨行账户信息认证平台民营银行的收费标准远高于其他银行，不利于民营银行为客户提供更优质的金融服务。

2. 存款产品创新受到诸多限制

为缓解负债压力，提高吸收存款能力，2019年以来，民营银行在智能存款等产品上尝试创新，并取得了较大突破，但很快引起了监管部门的关注。

2020年3月，央行下发《中国人民银行关于加强存款利率管理的通知》，进一步要求银行机构整改不规范存款"创新"产品。多家民营银行随后对"智能存款"做出限额销售或者下架处理。2021年1月，银保监会办公厅、人民银行办公厅联合印发《关于规范商业银行通过互联网开展个人存款业务有关事项的通知》，要求商业银行不得通过非自营网络平台开展定期存款和定活两便存款业务。如何在合规要求下拓展负债业务来源，缓解揽储压力，是每个民营银行都要面对的难题。

3. 资本补充存在较多障碍，渠道不畅

民营银行主要由民营资本发起设立，资本规模较小，由于部分民营银行资产扩张较快，资本充足率存在下降现象。随着规模的不断扩大，如何进一步扩充资本已经成为一些发展较快的民营银行面临的一大问题。

银保监会数据显示，2017年至2019年底，民营银行资本充足率分别为24.25%、16.55%和15.15%，整体呈现下降趋势，其中微众银行、苏宁银行、富民银行、三湘银行、众邦银行、亿联银行、振兴银行7家银行的资本充足率已降至12%左右，说明这些银行资产扩张非常快，补充资本金迫在眉睫。部分民营银行补充资本的需求较为迫切，但由于政策限制，民营银行补充资本还存在较多障碍，正在日益制约着民营银行的规模扩张和服务小微能力的提升。

一是股东资格过于严苛，增资扩股存在较大难度。《中国银监会市场准入工作实施细则（试行）》规定，民营银行发起人应为民营银行注册地内的民营企业；民营银行发起人应全部为民间资本；对民营经济较发达的地区（如东部地区），优先选择单家企业净资产不低于100亿元，终极受益人和剩余风险承担者个人净资产不低于50亿元的民营企业作为民营银行的发起人。目前来看，相关条款标准过高。

同时，受银保监会"两参一控"和只允许同地区民营企业接受转让等政策限制，民营银行接盘股东亦要符合民营企业发起人入股条件，符合受让条件的股东不多，原股东退出时，没有合适的股东接手。加之在审批方面，民营银行股东股权转让审批涉及部门多、审批流程繁琐、审批时间长，将很多希望投资民营银行的战略投资人、财务投资人以及民营企业拒之门外。

由于监管层对民营银行股东增资有较为严格的审核，目前19家民营银行中只有3家银行完成增资，分别是2016年微众银行增资12亿元，2019年网商银行增资25.7亿元，2020年众邦银行增资20亿元。

二是缺乏多样化的资本补充工具。银保监会对发行永续债补充其他一级资本、发行合格二级资本工具补充二级资本，均有连续三年盈利这些硬性财务指标的要求。而民营银行发展历史短、规模不大，通过发债等补充资本的渠道也不太畅通，政策支持较少。

4. 远程开户受限，互联网银行获客存在困难

受制于线下网点数量的限制，大多数民营银行发力线上业务，向互联网银行转型。然而由于无法远程开立个人Ⅰ类户，加之Ⅱ类户的五要素开立难度大，且结算功能受限，无法满足小微客户基于账户的金融服务需求，对互联网银行业务拓展和为客户提供更加丰富的金融服务造成了较大阻碍。

（二）营造良好环境，支持设立更多民营银行

民营银行的发展实践充分证明，鼓励和支持民营资本发起设立民营银行的改革举措是完全正确的。要坚持竞争中性原则，对进入金融领域的民营资本一视同仁。要进一步更新观念，正确看待和认识民营银行，特别是互联网银行在我国金融体系中的独特作用，进一步改革和完善政策措施，真正消除设立民营银行制度障碍，减少民资进入银行业成本，鼓励和支持民营银行更好地发展，让我国民营资本在推进金融改革和支持实体经济发展上做出更多更大的贡献。

1. 建立差别化和适度弹性的准入条件

目前，民营银行股东必须具备纯内资、纯民营和纯境内的"三纯"属性要求，准入门槛较高，一定程度上制约了民营资本参与组建民营银行的积极性，建议鼓励有实力、有优势资源的优秀民营企业作为主发起人，适当降低民营银行其他投资股东的资格标准，吸引更多民间资本参与，扩大民营银行投资者的来源。

2. 建议进一步提高审批效率

在民营银行设立常态化的基础上，进一步简化审批流程，缩短民营银行设立的审批时限。

（三）尽快取消不合理的限制政策，释放民营银行发展活力

1. 取消民营银行股东剩余风险承担的不合理要求

民营银行股东承担剩余风险的加重责任，是对民营银行的区别对待，既有违市场公平原则，也不符合《中华人民共和国公司法》的相关规定。根据《中华人民共和国公司法》，有限责任公司的股东以其认缴的出资额为限对公司承担责任；股份有限公司的股东以其认购的股份为限对公司承担责任。

民营银行试点工作开展之初，我国尚未建立存款保险制度，要求民营银行主要股东承担剩余风险，有其积极合理的一面，但随着存款保险制度的建立，仍然要求民营银行股东承担剩余风险，显然已无必要。股东承担剩余风险责任，一方面增加了民营企业股东的风险负担，另一方面，股东加重责任的要求，也给民营银行增资扩股、员工持股和上市融资设置了障碍，不利于民营银行的发展。

建议尽快取消这一规定。

2. 建议适度放宽大股东30%持股比例上限标准

建议按照内外资一致原则，参照外资机构投资我国金融机构的政策尺度，放宽或者取消民营银行单一股东比例30%上限要求。

3. 建议尽快放开民营银行"一行一店"限制

"一行一店"的限制，严重制约了民营银行，特别是线下业务为主的民营银行吸收存款的和服务小微客户的能力。成立初期，为了防止民营银行盲目扩张，监管部门对民营银行提出"一行一店"的限制，有其合理之处，但5年多来民营银行的发展实践已经充分说明，民营银行发展普遍比较稳健，相关监管要求有必要随着民营银行发展做出相应改变。

一是建议修改《中国银监会市场准入工作实施细则（试行）》，取消现行对民营银行"一行一店"的限制规定。比照城市农商行或村镇银行，放宽对民营银行分支机构设立的限制，允许其按照业务开展的实际需要设立网点。

二是在对允许在注册地城市开设新的网点和分支机构的基础上，进一步允许民营银行在注册登记地所在省份内成立分支机构；对成立三年以上，实力较强、业绩优良、供应链金融业务特色鲜明，供应链上下游企业分布于其他省份的民营银行，适当允许其在供应链业务集中的地点设立分支机构，以更好地开展服务。

三是允许和鼓励民营银行创造性地开展金融服务，创新多种方式服务社区

居民和农村客户，以弥补营业网点的不足，同时节省成本、提高服务效率。如建立社区服务点、惠农金融服务点、驻产业园区服务点及"流动银行—金融服务车"等。

（四）支持民营银行多渠道补充资本和流动性

建议扩充民营银行的融资途径和资金来源，增强民营银行服务小微企业的能力。鼓励符合监管要求的民营银行通过直接增资、发行债券等方式补充资本，简化审批程序。

1. 建议对增资扩股的民营银行，鼓励多元化资本投入

在风险可控的前提下，建议调整优化民营银行资本准入标准，鼓励民营银行资本补充多元化。可在保持发起人大股东民营控股前提下，鼓励多元背景的资本进入民营银行。允许符合条件的外资、国资、异地民资参股民营银行，探索以民营资本控股，多元化、市场化、专业化资本合作参与的股权结构。这将有利于民营银行增强资本实力，提高抵御风险的能力，有利于进一步完善公司治理，有利于民营银行加快提升自身实力。

2. 建议在符合监管要求的前提下，支持符合条件的民营银行发行永续债、二级资本债

建议放宽民营银行补充二级资本或其他一级资本的条件，放宽对投资者的限制，提高永续债的流动性。同时降低民营银行发行二级资本债、永续债等工具的审批难度，简化审批流程。

3. 支持符合条件的民营银行上市融资

鼓励和支持民营银行资本市场挂牌（上市）融资，拓宽企业融资渠道，特别应加大对几家金融科技实力强、竞争优势较为明显的互联网民营银行上市融资的政策支持力度。

（五）支持民营银行多渠道增加负债来源

1. 支持民营银行合理存款定价，允许民营银行创新新型存款工具

民营银行普遍吸收负债能力弱，但目前在存款利率定价方面，行业利率自

律组织有着严格的窗口管理要求，民营银行在执行过程中无差别对待。利率市场化改革已推行多年，但仍未实质走出市场化的道路，从民营银行自身发展来看，只有适当提高存款利率才能吸收必要的稳定负债，确保流动性稳健。建议支持民营银行采取合理的市场化存款利率定价机制吸收存款，给予民营银行更大的利率上行空间，在中国存款利率市场化的进程中先行先试。

2. 进一步鼓励政策性银行、大型国有商业银行与民营银行合作开展转贷和联合贷款业务，扩大普惠金融的覆盖面

近年来，特别是新冠疫情期间，多家民营银行积极与国家开发银行、进出口银行等政策性银行及国有大型商业银行合作，通过转贷模式、联合贷款为小微企业提供融资服务，取得了积极成效，为政策性银行和国有大型商业银行普惠金融开辟了新道路。转贷、联合贷款可以有效地扩充民营银行的资金来源，发挥民营银行下沉服务小微和"三农"的优势，规避大型银行服务小微企业的不便，扩大我国普惠金融的覆盖面。建议进一步鼓励扩大政策性银行、大型国有银行与民营银行的转贷和联合贷款业务的规模，助力民营银行在服务小微、"三农"方面做出更多的贡献。

3. 明确给予民营银行财政存款投标资格

调研中，民营银行普遍反映，现行的财政存款招投标管理办法中，民营银行不具备合格投标人资格，致使民营银行无法承接财政存款这一优质资金资源。建议尽快明确给予民营银行财政存款招投标合格投标人资格。

4. 建议人民银行增加民营银行的再贷款、再贴现额度

建议央行进一步扩大面向民营银行的再贷款、再贴现额度，拓展民营银行的资金来源、降低资金成本，以更好地服务小微客户。

（六）平衡好监管与金融科技创新的关系，鼓励互联网银行抢占数字金融革命先机

互联网银行是我国金融供给侧结构性改革的创新实践成果，处于金融科技领域探索的最前沿。当前，以微众银行和网商银行为代表的互联网银行已经具备了较高金融科技水平，业务创新能力和风险控制能力已经处于世界领先水平，并实现自身关键核心技术的全面自主可控。数字经济具有跨界的特征，对

传统监管体制和手段提出了诸多挑战。对互联网银行的监管，是监管者面临的全新课题。互联网银行是以技术为核心，虽然落地是金融属性，但运行的过程、方法和手段又有金融科技的特性。因此，对互联网银行的监管不宜简单套用对传统银行的监管方式，应该从指标、方式、手段上加以改进，以适应互联网银行的发展规律和风险特点。改进互联网银行的监管制度，平衡好监管与金融科技创新的关系，将有助于中国的互联网银行保持国际领先的先发优势，提高在国际科技金融的话语权。

1. 建议鼓励和支持互联网银行先试先行

建议将民营互联网银行作为我国金融改革先行先试的试验田，在合规经营、规范运作、风控严密的基础上，鼓励民营互联网银行开展金融创新实践。

一是对互联网银行的发展提供支持，在资质、准入、增资等业务审批上简化流程、加快速度；二是建议监管部门在金融科技创新监管试点（即中国版"监管沙盒"）中增加互联网民营银行试点项目数量，鼓励和支持互联网银行运用大数据、物联网、人工智能、区块链等关键技术开展技术创新，支持互联网银行开展多种业务模式创新；三是鼓励民营互联网银行与其他银行等金融机构开展合作，共享技术资源和技术优势，不断提高金融科技应用的广度和深度。

2. 把握互联网银行的高科技属性，逐步形成适应互联网银行发展的监管体系

与传统银行不同，互联网银行兼具金融机构与科技公司双重属性。以人员构成为例，大多数互联网银行的科技人员占比超过了50%，而2019年我国大中型上市银行平均占比为4%；从研发投入看，2019年微众银行、新网银行、苏宁银行研发投入占营收比例分别为9.2%、7.8%、7.56%，而2019年我国大中型上市银行平均科技投入占比约为2%。

要适应互联网银行发展的特点和规律，不断完善互联网银行的监管框架和政策配套措施，逐步形成适应互联网银行发展的监管体系。一是必须要考虑互联网银行具有科技属性，在风险可控的前提下，制定有利于互联网银行健康发展的监管指标和标准；二是要创新监管手段，以技术驱动型监管思路应对金融科技的快速发展，加强科技手段运用，形成数字化监管能力；三是要密切跟踪互联网银行创新的发展情况，及时评估利弊和风险，实事求是地调整相关监管政策，从而达到促进互联网银行更好服务实体经济和防范金融风险的目的。

3. 建议尽快开放互联网银行远程开立个人I类银行结算账户

建议监管部门对线上远程开户、账户升级等业务的实际效果和风险状况加以评估，在坚持技术可靠、风险与行业影响可控、实名认证、交叉复核的前提下，适时推进包括新设民营银行在内的银行业金融机构远程开立全功能I类账户试点，为互联网银行模式的落地奠定基础。

民营银行反映，2020年新冠疫情期间，监管机构允许部分银行远程开立个人I类户和个人Ⅱ类账户升级等业务是一次很好的创新探索，有效地检验了生物识别等金融科技手段在风险管理和金融安全领域的实际应用效果，希望疫情期间的临时措施能够转化为常态化政策措施。

4. 建议率先在互联网银行进行股权激励试点，激发民营银行机制活力

建议尽快开展民营银行股权激励试点工作，为员工持股打开通道。合理的股权激励可调动员工的积极性，激发员工的创新精神，有效稳定员工队伍，促进民营银行长期、持续、健康发展。民营互联网银行的员工主体是专业技术人员，对做出贡献的研发人员进行股权激励，可充分调动技术创新潜力，提高企业创新效率，提升企业创新价值。要转变观念，在员工持股等方面给与民营银行更多支持，不断激发民营银行的活力和竞争力。

5. 增加互联网法院数量，完善互联网金融法治环境

随着我国互联网金融业务的快速发展，互联网金融相关诉讼纠纷也在大量增加，传统法院在处理争端诉讼方式上周期长、成本高、专业性不够，不适应互联网金融的发展趋势，建议随着互联网金融的快速发展，增设多家专门处理互联网金融相关诉讼的互联网法院，完善互联网金融法治环境。

（七）整合公共数据资源，不断完善金融基础设施

多家民营银行反映，普惠金融的根本抓手在于小微客户风险的准确识别，数据越丰富，客户的风险画像越清晰、授信额度越精准、风险定价越低。

建议相关部门联合推进信息共享平台和征信体系的建设，打造权威、集中化的数据服务平台，推动机构间数据的互联互通。

要加快推进各类政务公共数据资源信息共享，开放税务、水电煤气、社保

等领域的企业信用信息准入接口，建设区域性的信用信息服务平台，大力推进政银企的数据互通、业务协同，方便金融机构进行数据查询，助力金融机构进行客户识别、风险评估、用途管控等，从而加速普惠金融服务的推广。

（八）支持优秀民营互联网银行参与国际金融科技合作

数字银行处于金融科技领域的最前沿，是全球银行业转型的重要方向，世界各主要经济体都在积极布局和探索数字银行的发展。鼓励和支持优秀民营互联网银行积极参与国际金融科技合作，既可以为其他国家发展普惠金融和开展金融科技创新提供帮助和支持，也有助于提高我国在国际金融科技领域的影响力和话语权。

我国民营银行特别是互联网银行，在发展普惠金融的过程中积累了大量的实践经验，金融科技的应用已处于国际领先地位，具有一定的比较优势，已经具备向其他周边国家和地区推广的基础和能力，一些民营银行也有较为强烈的"走出去"意愿。

如微众银行主动面向全球开源金融科技的底层技术，参与了ISO、IEEE等国际标准化组织的区块链标准和人工智能标准的制定，一方面通过参与法定标准的制定，与各国各企业达成共识，并将自身的成果输出到国际技术标准的制定过程中；另一方面，通过技术开源，为提升全球金融技术水平做出的贡献。

建议对民营互联网银行开展科技金融国际合作、在境外开设金融科技子公司等给予一定的政策支持，引导和支持它们积极参与"一带一路"建设，助力"一带一路"沿线国家发展普惠金融。

案例篇

用科技破解普惠金融难题
——浙江网商银行

浙江网商银行是由蚂蚁集团等六家民营企业发起成立的中国首批试点民营银行，也是国内第二家互联网银行，开业时间为2015年6月。网商银行以科技发展为定位，专注服务小微企业和"三农"，在成立短短五年内取得了骄人成绩：网商银行在服务小微企业的数量上已跃居全球第一，截至2020年上半年，累计拥有小微客户2 900万户，而我国大型商业银行及股份制银行的累计小微客群数量一般都徘徊在几十万、上百万的量级；网商银行聚焦长尾小微企业，其小微贷款户均余额仅3.6万元，我国大型商业银行及股份制银行的普惠贷款户均余额大都在100万元左右。截至2019年年底，网商银行小微普惠贷款余额700.3亿元，宁波银行、北京银行的小微普惠贷款余额分别为795亿元、351.8亿元，其规模已经接近甚至超过一些大型区域性银行。

网商银行坚持普惠理念、公益心态、商业可持续三大经营原则，秉承阿里巴巴"让天下没有难做的生意"的经营理念，以服务客户的数量和客户满意度而非利润指标作为经营考核标准。网商银行运用互联网、大数据、人工智能技术和渠道创新服务于实体经济，在全球金融科技中具有独创性和领先性，为银行业破解普惠金融这一全球性难题探索了新路径。前世界银行行长金墉对此高度评价：该模式是科技推进普惠金融的全球典范，真正改写了行业格局。

网商银行作为全世界服务小微数量最多的银行，曾荣获世界银行集团和二十国集团（G20）旗下的"全球中小企业论坛"颁发的普惠金融领域全球最高奖项——2019年度"全球中小微企业银行奖"[1]。这一奖项肯定了网商银行为小微企业和实体经济发展做出的贡献。

---

[1] 资料来源：网商银行2018年年报[Z].浙江:网商银行,2019.

网商银行成立以来,虽然专注于服务小微客户,仍然表现出良好的成长性,各项业务持续增长,盈利能力逐步提高。2016—2019年,发放贷款及垫款量年均增长33.42%,吸收公众存款年均增长50.33%,营业收入年均增长35.97%,净利息收入年均增长29.29%(见图1)。截至2019年年底,网商银行总资产1 395.5亿元,总负债1 290.3亿元。

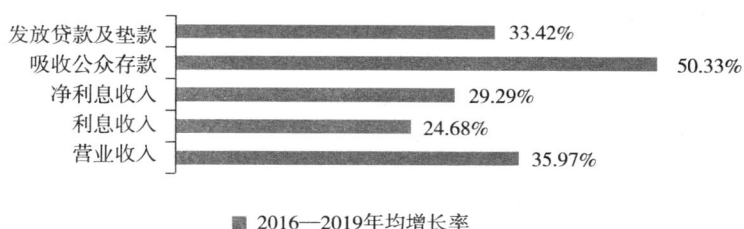

图1 网商银行2016—2019年各项经营指标成长情况

注:各项指标为课题组根据网商银行2016—2019年年报计算得出。

一、基本情况

(一)股东情况

网商银行在2019年完成增资,注册资本增至人民币65.71亿元,总股本65.71亿股。截至2019年年底,网商银行共有六大股东,发起股东为蚂蚁集团(30%),其他股东有:万向三农集团(26.8%),宁波金润资产经营有限公司(19.5%)、上海复星工业技术发展有限公司(15.22%)、杭州禾博士电子商务有限公司(4.87%)、金字食品有限公司(3.65%)。①

高管人员方面,董事长由蚂蚁总裁胡晓明担任,金晓龙担任行长②。

---

① 网商银行.网商银行2019年年报[Z].浙江:网商银行,2020.
② 新浪财经.独家!胡晓明接任网商银行董事长 金晓龙升任行长[EB/OL].http://finance.sina.com.cn/money/bank/gsdt/2019-03-05/doc-ihrfqzkc1437594.shtml,2019-03-05.

（二）资产和负债规模

网商银行成立以来业绩增长较为显著，债务结构不断优化。2016—2019年，网商银行的总资产由615.2亿元增至1 395.5亿元，增长了1.27倍；总负债由572.8亿元增至1290.3亿元，增长了1.25倍。2016—2019年，网商银行发放贷款及垫款额由328.9亿元增至700.3亿元，增长了1.13倍；吸纳一般存款量由232.1亿元增至788.6亿元，增长了2.4倍（见表1）。

值得注意的是，2018年、2019年两年，网商银行吸纳一般存款量超过同业存款（见图2），分别占负债的47.5%和61.1%，分别较为前一年增长79.8%和83.48%；反映出该行的经营模式逐渐成熟，公众认可度、信任度都有了较大提升。

表1　网商银行2019年资产负债情况

单位：元

项目	2019年
现金及存放中央银行款项	19 432 811 700
存放同业款项	31 258 527 901
买入返售金融资产	8 089 662 849
应收利息	327 190 696.9
发放贷款及垫款	7 002 981 0925
持有至到期投资	99 950 945.96
固定资产	217 104 564.1
无形资产	14 782
递延所得税资产	847 969 130.1
其他资产	1 008 217 658
资产合计	139 552 771 469
向中央银行借款	300 000 000
同业及其他机构存款	37 370 742 922
拆入资金	1 500 000 000
吸收存款	78 857 688 319
应付利息	910 896 172
应付职工薪酬	939 710 289
应交税费	395 604 723
其他负债	9 605 801 489
负债合计	129 034 704 653

图2　网商银行2015—2019年存款来源情况

（三）信贷资产质量和风控指标

截至2019年年底，网商银行贷款及垫款结余700.3亿元，占总资产的50.2%，较上一年增长46.8%。而在放贷规模较快增长的同时，能够控制不良贷款率在较低水平，2016—2019年网商的不良贷款率分别为1.21%、1.23%、1.3%、1.3%[①]（见表2）。低于银保监会披露的2019年末全国商业银行平均不良贷款率1.86%。[②]

网商银行通过量化客户的风险等级和复原客户的财务状况，预防目标客户的潜在信用风险、经营风险、欺诈风险；并通过持续监测不良贷款率、逾期率、拨备覆盖率等内部信用风险管理指标，分析放贷资产质量，制定相适应的信用风险策略[③]；该行信贷资产质量较为优质，不良贷款率低，和其较为健全的风控机制有直接关系。

风险抵补能力，网商银行在2018年前三季度的拨备覆盖率为324.91%[④]（年度拨备覆盖率未见披露），是银保监会规定的最低拨备覆盖率150%的两

---

① 网商银行.网商银行2019年年报[Z].浙江:网商银行, 2020.
② 工商银行.2019年末商业银行不良贷款率1.86%[N].2020-02-18.
③ 网商银行.网商银行2015年年报[Z].浙江:网商银行,2016.
④ 中国电子银行网.网商银行高层大调整：胡晓明将接任井贤栋董事长一职 金晓龙升任行长[EB/OL].https://news.qcc.com/postnews_2faa143a2e21ffe31bba68ef31b640d6.html,2019-03-06.

倍，亦高于2018年末A股32家上市银行拨备覆盖率的算术平均值236%[①]。反映出该银行作风稳健，对于资产减值损失的计提较为充裕。2019年，网商银行的资本充足率由2018年的12.1%上升到16.4%，反映出该行的资金压力已经得到缓解。

表2　网商银行风控指标

年份	资产负债率	资本充足率	不良贷款率
2019	92.5%	16.4%	1.3%
2018	94.4%	12.1%	1.3%
2017	94.0%	13.5%	1.23%
2016	93.1%	11.1%	1.21%
2015	87.0%	18.5%	0.18%

流动性水平，截至2019年年底，网商银行的流动性比例为54.4%，符合监管要求。据银保监会披露，2018年四季度末，全国商业银行流动性比例为55.31%。[②]

（四）营收和利润

2016—2019年，网商银行的营业收入由26.4亿元增至66.3亿元，增长了1.5倍；净利润由3.16亿元增至12.6亿元，增长了3倍。利息收入和手续费及佣金收入一直是网商银行营收的主要构成部分。2019年，网商银行净息差为5.4%，利息净收入52亿元，较上一年增长12.8%，占营业收入比例由前一年的73.5%上升到78.4%。手续费及佣金净收入13.9亿元，下降14.8%，占比由26.1%降至21%（见表3、表4、表5）。

[①] 同花顺财经.扫描A股上市银行一季报七大特征：预计全年银行业净利润增长无忧[EB/OL]. https://baijiahao.baidu.com/s?id=1633832614038721651&wfr=spider&for=pc,2019-05-18.

[②] 新浪财经.银保监会：2018年四季度末商业银行流动性比例55.31%[N].2019-02-25.

表3 2016—2019年网商银行经营数据

单位：元

项目	2019年	2018年	2017年	2016年
营业收入	6 628 370 000	6 269 913 969	4 276 181 097	2 636 879 103
利息净收入	5 197 063 036	4 608 149 370	3 702 879 021	2 404 826 243
手续费及佣金净收入	1 393 981 355	1 636 357 357	565 397 228	174 075 418
其他收益	5 845 612	1 054 521	1 073 324	—
投资收益	16 602 830	15 755 797	1 448 289	1 224 317
其他业务收入	20 007 360	8 894 339	4 998 041	57 657 347
净利润/净亏损	1 255 866 208	658 252 590	404 122 080	315 545 769
其他综合收益税后净额	1 995 548	4 148 387	-1 744 560	—
综合收益总额	1 257 861 756	662 400 976	402 377 520	315 545 769

表4 2017—2019年网商银行各项业务收入增长情况

项目	2019年	2018年	2017年
营业收入	5.72%	46.62%	62.17%
利息净收入	12.78%	24.45%	53.98%
手续费及佣金净收入	-14.81%	189.42%	224.80%
其他收益	-44.57%	-1.75%	—
投资收益	5.38%	987.89%	18.29%
其他业务收入	124.94%	77.96%	-91.33%
净利润/净亏损	90.79%	62.88%	28.07%
其他综合收益税后净额	-51.90%	-337.79%	—
综合收益总额	89.89%	64.62%	27.52%

注：由于2015年年报时间为半年，因此不将2015年、2016年的数据纳入增长率计算，本章同。

表5 2015—2019年网商银行各项业务收入占比情况

项目	2019年	2018年	2017年	2016年	2015年
营业收入	100.00%	100.00%	100.00%	100.00%	100.00%
利息净收入	78.41%	73.50%	86.59%	91.20%	78.91%
手续费及佣金净收入	21.03%	26.10%	13.22%	6.60%	0.04%
其他收益	0.01%	0.02%	0.03%	—	—
投资收益	0.25%	0.25%	0.03%	0.05%	0.36%
其他业务收入	0.38%	0.14%	0.12%	2.19%	20.76%

二、战略定位和经营特色

（一）清晰的发展理念

1. 普惠理念和公益心态

网商银行认为中国不缺少一家银行，缺少的是专注于解决小微和农村金融服务问题的银行。网商银行将核心经营目标定为普惠金融服务，以普惠服务的客户数量和客户满意度作为经营考核标准，而非将利润作为重要的经营考核目标，这一理念为业务创新和服务创新提供了良好的机制保障。

2. 商业可持续性原则

对网商银行而言，发展普惠金融既是大局和责任，也是市场和机遇。普惠金融之难，难在商业可持续，发展的关键点也在商业可持续，不解决这个痛点和难点，普惠金融做不大，也难做久。在普惠金融道路上，网商银行按照银行经营基本的风险定价原则保持自身的稳健发展，实现保本微利，不追求利润最大，但确保能长远发展。

3. 坚持以科技发展为定位

网商银行是互联网普惠小微银行，更是一家科技银行。截至2020年6月末，网商银行员工数1 001人，其中技术人员599人，占比达60%。通过招聘顶尖技术人才、数据人才和风控人才为基于科技能力的银行服务奠定了坚实基础。网商银行是首家将核心系统部署在云计算平台的银行，基于分布式云计算的架构体系，为业务提供可伸缩、高可用的服务计算能力，能够做到弹性资源分配与访问管控，具有海量数据处理和计算能力，整套基础设施的性能充分保障了业务连续性运营的需要。在风险领域，建立了基于数据和模型技术的风控系统；在存贷款等各业务流程建立生物识别技术和安全防控系统；利用人工智能实现在客户营销、客户客服领域的精准触达；在中后台管理各环节实现实时的风险监测能力。随着业务的发展，区块链、卫星遥感、人工智能、云计算将是网商银行重点探索的科技领域。

4. 建立普惠金融的生态力量

从规模来看，网商银行仍是一家发展初期的银行，网商银行秉承开放合作的理念,将在小微和农村金融中的场景、客群、技术向金融机构进一步开放,联合更多的社会力量推动中国普惠金融事业的不断发展。

(二)多样化综合的小微企业金融服务

网商银行创立至今,几乎全部业务都围绕小微金融展开,支撑全国数以千万计的小微企业和个体经营者,畅通了实体经济的"毛细血管",为稳定就业起到了不容小觑的作用。网商银行从服务阿里体系内的商户起步,发展至今已覆盖全国的小微企业及经营者。截至2020年6月末,网商银行的客户中有25%是阿里巴巴经济体系内的卖家,75%是全国范围内的客户。

网商银行运用多种科技和大数据风控手段为小微企业和个人经营者提供纯线上信用贷款,服务的2 900多万小微客户大量集中在我国的地级市、乡镇、农村等下沉市场。这些长尾客群的资金需求具有小额、高频次的特点,传统银行因为成本和技术的限制,要开展这类非常小额的经营性贷款业务面临信用风险大、获客难、风控难等问题,而现在这些难题被网商银行运用数字科技的力量破解。依靠人工智能、云计算和大数据技术,网商银行构建"大平台、微应用、微服务"的架构模式,以量化分析阿里平台商户和支付宝数据为基础,引入人行征信数据、工商税务数据、县域经营数据、卫星开源数据等,实现对小微经营户的数字化动态风控,打通普惠金融的"最后一公里"。

网商银行独创的"310"无接触贷款模式,以高精尖的科技手段达到了纯线上、纯信用的经营性贷款秒速放款,代表了银行业小微金融服务的最高水平。用户可在3分钟内完成贷款申请,1秒钟内获得放款,全程0人工介入。"310"模式不仅效率极高,成本也相当低廉,每笔贷款的平均运营成本仅2.3元,并随着客户数量的增加而降低。

运用大数据风控、"310"线上展业模式以及差异化、精细化的产品设计,网商银行能够为小微企业提供与企业化日常经营各个环节、不同场景内所产生的金融需求相匹配的服务,并且打通了全链路的数据风控,推出的所有经营性贷款产品都是纯线上、纯信用的。围绕核心产品"网商贷",网商银行向包括但不限于电商平台卖家在内的小微商户提供贷款。此外,还有"多收多贷"面向支付宝码商、"天猫供应链质押贷款"面向天猫供应商会员、"扫码订货贷"面向品牌商家、"CNZZ流量贷"面向外部合作机构客户[①]、发票在线贴现服务，面向使用ETC的货车司机的"金融支持计划"，面向物流、人力资源、航旅、运营商、网游等行业的跨行批量代发服务等[②]，为小微企业和经营者提供多样化的综合金融服务。

在供应链金融领域，网商银行主要服务于核心企业下游一级、二级、三级、四级的经销性零售门店客户，通过对零售门店的支持服务于整个链条。截至2020年6月末，准入的品牌经销商、品牌商超过5 000家。此外，网商银行还与蚂蚁集团一起打造基于区块链的供应链金融服务平台及资产管理平台，对供应链上企业进行应收账款管理、保理融资与担保、资产证券化流转，实现小微企业经营全周期区块链化[③]。在开展农村供应链金融方面，网商银行发挥阿里巴巴村淘、天猫、中华保险等在内的合作伙伴优势，为农业龙头企业的大型种养殖户提供信贷、保险、支付等综合金融服务；以及结合阿里巴巴农业生产资料销售平台和农产品销售平台，为农业产业链上的企业提供从农资采购到农产品销售的整体金融服务方案[④]。

在客户结构和特征方面，网商银行2018年10月的调研显示，被服务的小微企业及经营者65%分布在三、四、五线城市及以下城镇、乡村；30%以上是快餐店、大排档、小吃摊等类型的餐馆；20%以上是便利店、小卖部、烟酒铺等零售店；10%以上是菜市场或街头菜铺、肉铺、水果摊等生鲜业；其余分别为饮品店、服装店、家装店、生活服务店、化妆店、小型娱乐场所等。单笔贷款额在10万元以下的占96.4%，5万元以下的占88.9%。所有经营性贷款客户中80%以上是网商银行的独有客户，与传统商业银行的交叉度仅为10%左右。[⑤]

（三）高科技助力破解农户贷款世界性难题

网商银行不断探索农村普惠金融业务的可行道路，其独创的以农村县域普惠金融为重点，利用卫星遥感技术的"大山雀"农村信贷模式，破解了农村种

---

① 网商银行.网商银行2015年年报[Z].浙江:网商银行,2016.
② 网商银行.网商银行2019年年报[Z].浙江:网商银行,2020.
③ 网商银行.网商银行2019年年报[Z].浙江:网商银行,2020.
④ 网商银行.网商银行2016年年报[Z].浙江:网商银行,2017.
⑤ 资料来源：网商银行.

植户贷款的世界级难题，是世界普惠金融领域的重大突破。在实践中，网商银行是全球首家将卫星遥感技术应用于农村贷款领域的银行，在与遥感技术相关的图像识别技术"语义分割算法"方面，网商银行位列世界第一，超过英伟达和谷歌。网商银行凭借强大的人工智能和云计算实力，培养出了解析卫星图像的专业队伍，因而能够降低成本，将卫星遥感结合AI模型的农村信贷模式规模化。

农村县域普惠金融模式是网商银行通过与县级政府开展合作，丰富县域用户数据维度进行授信的展业模式。2017年起，蚂蚁集团及网商银行启动了"普惠金融+智慧县域"项目，用大数据技术为农户做信用画像，向农户提供无担保无抵押的纯信用贷款。2018年，网商银行智慧县域模式逐渐成熟，经过县级政府自授权和"三农"用户的在线授权，与县政府联网，将县政府在行政过程中沉淀的农户土地确权、土地流转、农业保险、新农合等经营数据应用到授信范围。2019年，网商银行与497个县域达成战略合作，其中包括贫困县146个，涉农贷款用户数达344万[①]。

卫星风控系统"大山雀"脱胎于网商银行2019年上线的"亿亩田"项目。"亿亩田"利用卫星遥感技术，结合深度神经网络、AI模型算法建立了28个卫星识别模型，涵盖水稻、小麦、玉米等的全生长周期识别模型，地块识别等模型，通过卫星开源把中国很大比例的农田作物等地表信息纳入到授信范围，搭建农户专属风控模型。同时根据农忙时间、季节差异、区域特点、历史气候等因素，形成基于"地域—气候—作物—农户"的全方位种植评价体系，为县域内新型农业生产经营主体提供更便捷、更精准和额度更适配的信贷服务，支持农户生产经营，服务亿亩良田，助力乡村产业振兴。

此外，网商银行还通过与地方商业银行和其他小贷机构创新合作，共同为"三农"用户提供金融服务[②]。例如，与桂林银行共同探索规模化授信，采用线上+线下相结合的形式，推出以小额、批量、信用、线上为特点的融资产品，并借助各级政府、农资供应商、核心企业，对特定区域、产业、人群进行

---

① 网商银行.网商银行2019年年报[Z].浙江:网商银行,2020.
② 中国农村金融杂志社.年会 | 网商银行："310"模式背后的农村数字普惠金融创新[EB/OL]. https://www.sohu.com/a/361683119_481890,2019-12-20.

精准的信贷投入①。例如，与重庆农村商业银行合作，围绕重庆特色优势农业产业，推出"旺农贷·渝农贷"等线上农村金融业务，运用大数据精准营销，结合农民专业合作社金融需求探索风控模型和信贷产品②。

（四）以科技为引领，以创新为核心

网商银行是国内国际领先的科技型银行，尤其在人工智能和云计算领域拥有一系列先进的技术应用。未来，网商银行将着重探索区块链、卫星遥感、人工智能、云计算等与业务发展密切相关的技术领域。

网商银行强大的人工智能、云计算及大数据技术体现在：一是具备先进的云计算体系，作为国内首家将核心系统建立在云上的银行，网商银行打造了在三地五中心云部署的分布式云计算体系，拥有跨机房、跨地域、可伸缩、高可用的服务计算能力，能够做到弹性资源分配与全局流量管控，完成海量数据的处理和计算，保障业务的连续性。依靠蚂蚁集团集团自主研发的金融级分布式数据库OceanBase和金融级分布式架构 SOFAStack，网商银行打造了基于微服务单元化架构。二是算力强大，网商银行在农村普惠金融"亿亩田"卫星遥感项目中，每天能够完成对10个县以上的中国国土面积的解析、存储和分析工作，每三天至五天更新对全国农地的作物类型和长势的解析，目前在国内还仅有网商银行能够完成此项工作。三是数据技术强大，在风险领域建立了基于数据和模型技术的风控系统。四是在存贷款等各业务流程建立生物识别技术和安全防控系统。五是利用人工智能实现在客户营销、客户客服领域的精准触达。六是在中后台管理各环节实现实时的风险监测能力。

（五）为小微企业量身定做的特色产品

网商银行围绕客户的需求和痛点，开发了贷款类、票据贴现类、存款类、基金代销类这四大类产品。其中，信贷产品有"网商贷""旺农贷""发票贷"和"流量贷"等；票据贴现产品有"网商贴"；存款业务有"定活

---

① 中国农村金融杂志社.年会 | 网商银行："310"模式背后的农村数字普惠金融创新[EB/OL]. https://www.sohu.com/a/361683119_481890,2019-12-20.

② 中国网财经.强化金融科技运用 携手助推普惠金融——重庆农村商业银行与网商银行签署合作备忘录[EB/OL].http://finance.sina.com.cn/stock/relnews/hk/2019-11-15/doc-iihnzhfy9492317.shtml?source=cj&dv=2,2019-11-15.

宝""随意存";基金代销产品有"余利宝"等。

(1)"网商贷"

"网商贷"是网商银行向个人、中小微企业推出的贷款产品。依托阿里相关产品的数据分析技术，与阿里旗下各交易平台端口对接，获取各平台真实交易数据，向淘宝、支付宝、天猫、阿里云等阿里相关产品个人、个体工商户、小微企业主等用户提供的流动资金短期贷款，线上申请额度，无抵押，3分钟内到账、随借随还，1元起贷，最长贷款期限为24个月。

(2)"旺农贷"

"旺农贷"是网商银行首款专门面向农村市场的金融服务产品，针对不同的农村经营场景提供最高50万元的贷款，无需抵押物也无需担保，扫描二维码即可申请贷款，大数据审批贷款无人工因素介入，贷款审批后可立即到账。贷款期限分6个月、12个月和24个月，还款方式包括按月付息、到期还本和等额本金还款两种选择。

(3)"发票贷"

"发票贷"是网商银行在2019年针对小微企业推出的基于税务数据的信贷产品。用户只需要在支付宝上一键授权，税务信息就可以通过加密方式在税务和银行系统之间流转，然后扫描增值税发票，系统会在2分钟内测算出贷款额度，1秒钟即到账，最高贷款额度100万元。目前网商银行已对接9省的企业税收数据，将覆盖3 000万小微用户，包括大量码商。

(4)"流量贷"

"流量贷"是网商银行2015年推出的，面向中小规模的创业型网站推出一款信贷产品，帮助中小网站解决创业过程中融资难融资贵的问题。网商银行合作的对象是CNZZ，是国内互联网最权威的流量统计网站，目前有500万家网站采用它的流量统计服务，覆盖全国90%以上的上网用户。网商银行将根据CNZZ平台上网站的流量统计数据，综合考量网站的经营状况、网站经营者的个人信用等因素，向网站提供单笔最高100万元的贷款。

(5)"网商贴"

"网商贴"是网商银行提供的票据贴现服务，该服务针对日常有银行承兑汇票结算业务的企业客户，由客户在其他银行或网商银行企业网银操作贴现，在票据权利转移给网商银行后，网商银行将扣除年利率3%的贴现利息后的款项发放到客户账户。开通"网商贴"服务后,无论是哪家银行承兑,小微企业都可以通过网商银行"变现"。"网商贴"全程在线申请,最快10秒即可获得放款,低至500元的小票亦可贴现。

(6)"定活宝"

"定活宝"是一款随时存取的三年期定期存款产品,它的特点是存入以后的第二天开始就可以获得收益,也可以随时支取,支取的本金与所获的收益会在T+1个工作日到账,根据用户的支出方式计算利息。

(7)"回款宝"

"回款宝"是一款基于客户对采购商需要的应收账款而提供的可快速提供资金回款的服务。客户可以向与网商银行合作的企业要求提前回款,网商银行则会在回款时会收取一定的服务费。该服务由蚂蚁集团子公司商融(上海)商业保理有限公司提供,网商银行提供技术。

三、构建基于人工智能、云计算、大数据的全链路风控体系

浙江网商银行是国内国际领先的互联网科技银行,基于数据技术、人工智能、云计算领域的前沿技术,逐渐形成了复杂而全面的动态智能数据化风控体系,网商银行的全链路风险管控体系与主流银行乃至其他民营银行相比,在量化模型、授信策略、反欺诈、数据技术和云计算的算力方面都具备领先优势,能够精确刻画小微客户在经营、负债、风险评级、稳定性等各方面情况。网商银行经营性贷款业务的整体不良率始终维持在较低水平。

网商银行的数据技术非常发达,该行所掌握的与小微经营者相关的数据量级和指标的复杂程度,大大高于其他银行。网商银行的小微相关数据达到了千亿级别,囊括10万多个多维、实时、动态的常用指标。这些大数据形态繁杂,有结构化数据、数字化数据、文本类数据、图像类数据、声频和视频数据、传统结构性数据,新生非结构性数据等,具有场景化的特征,类型和内容极为丰富,有高度的时效性和准确性。数据来源主要有两类,一是在淘宝、天猫平台上电商相关联的数据,或支付宝平台上的码商收单数据,包括商家和客户之间的互动数据、评价数据,属于阿里体系内的数据;二是包括征信、工商税务、

县域数据在内的外部数据。在拥有千亿级大数据和强大的云计算能力，尤其是云上分布式系统架构的基础上，网商银行能够对阿里体系内的动态交易数据进行存储、整合、加工、利用，在贷前、贷中、贷后这三个阶段的风险控制流程中建立了超过5 000条授信决策规则，通过对这些授信决策规则的不同组合，并基于客户的信贷生命周期和交易场景，形成差异化的授信准入额度和评估。

网商银行开发了超过100个量化风控模型，覆盖贷款业务的全流程，能够在不同的交易场景下对多维数据进行分析和挖掘，并识别出各个维度的风险要素。这些模型主要可分为三类，一是欺诈识别模型，二是信贷风险相关模型，三是客户经营画像类模型。网商银行在构建量化模型的过程中运用到大量人工智能技术，模型算法最初以逻辑回归为主，后逐渐过渡到既使用传统统计算法，也使用机器学习、强化学习、神经网络等技术的方式。

（一）外部风险防控

在应对欺诈风险方面，网商银行通过构建千亿级交易网络，依据买家、卖家的交易维度对欺诈风险进行管控，欺诈资损率小于万分之一。具体做法一是对虚假交易进行识别，网商银行基于淘宝和支付宝的交易和转账数据，搭建了实时交易反欺诈体系，利用交易发生时的买家、卖家、设备等节点，搭建亿级节点的实时交易图谱。能够通过算法识别黑中介等高风险欺诈人群，通过对可疑资金的回流找到风险来源、刷单的刷手，一部分高风险欺诈因素，再通过网络传播的算法快速扩散，精准地识别出更多的虚假交易，并将虚假交易从商家的交易数据中剔除。对虚假交易占比较高的商家，网商银行会采取清退或者限额的处置手段来缩减信用风险敞口。二是通过分析商品订单的日志、交易、资金、物流等维度特征识别炒信等作弊行为。三是通过分析买家账号的登录、收货地址、IP、设备号等识别账号的身份冒用风险。四是通过分析买家淘宝购物行为、关系网数据，判断账号失联概率，用于在发生逾期时能在催收环节联络到借贷人[①]。

在防范信用风险方面，在贷前、贷中、贷后的环节，网商银行建立了多个

---

① 网商银行.网商银行2015年年报[Z].浙江:网商银行,2016.

信用的评分模型对客户的行为进行预测；搭建了三十多个经营画像类模型对客户的当前经营状况和未来经营状况进行判断。其中，信用评分模型包括淘宝信用评分模型，即利用个人淘宝店铺的交易信息、客户支付宝转账信息、支付行为等数据来进行对该店铺的信贷决策；以及征信的信用评估模型利用人行征信数据、外部贷款次数、贷款金额、贷款的额度等维度评估客户的风险等级。

经营画像类模型中最具代表性的是GMV预测模型，即利用机器学习的方法针对不同的交易趋势设计出包含洋流模块、潮汐的模块、波浪模块三大模块进行差异化的经营趋势预测。GMV模型采用店铺的经营信息、客户评价、内幕类交易中观维度信息，使用前沿的算法进行回归预测。潮汐模块主要是挖掘店铺季节性行为和大促的交易行为，利用算法进行预测；波浪模块主要是识别春季、情人节等跟节假日相关的时间节点的交易波动性，通过多类交易模型精准预测商家未来的经营状况和波动，匹配合适的贷款额度，在季节性促销的节点，网商银行可以调整临时额度满足商家在大促期间对资金的需求。

（二）内部风险防控

在处置流动性风险方面，网商银行建立了数据化、模型化的流动性管理平台，上线了资金预测模型，对现金流缺口进行模型化预测、系统化监测及预警；还使用头寸分级预警和监控大盘系统，实现渠道现金流实时监控和业务实时监控。此外，网商银行注重对资产转让交易结构的优化，在保障支付清算安全的基础上，灵活调整优质流动性资产配置结构，提高资金运作收益；并通过优化流动性资产组合结构、强化风险预警限额管控、建立新业务流动性评估模型等多项措施，保持流动性整体平稳[①]。

在贷后管理和防范操作风险方面，网商银行利用信用评分卡模型、贷后风险预警监测技术，强化信用风险识别和贷后控制；并利用系统自动化管控，减少操作风险和从业人员道德风险、完善操作风险管理机制；还通过设置相关授权审批、信息校验、双人复核等措施，对操作风险点进行事前管控[②]。

---

① 网商银行.网商银行2015—2018年年报[Z].浙江:网商银行,2018.
② 网商银行.网商银行2015—2018年年报[Z].浙江:网商银行,2018.

四、凝聚生态力量，构建开放银行

网商银行以做大做好小微普惠金融业务为愿景，希望凝聚生态力量构建开放银行；在客群、资产、负债、技术、风控能力等方面，联合社会力量共同服务于小微企业，促进实体经济向好发展。

在与银行金融机构的互补合作方面，网商银行坚持技术开放，于2018年启动"凡星计划"，自2019年以来与超过400家金融机构开展合作，降低小微普惠金融服务成本、提升普惠金融可得性。在联合贷款合作的开展过程中，为提升合作银行的数字化风控能力，网商银行在每个季度与所有合作行召开联合风控研讨会，与同业分享自身的数字化风控经验，从而帮助其他银行降低了技术研发和投入成本。对于那些缺乏数据处理能力和建模经验，也没有大数据风控系统的合作银行，网商银行通过探索和同业系统的托管服务试点，帮助他们实现数据处理配制化、授信审批自动化、模型策略产品化、业务流程线上化，使他们初步了具备农村金融服务自主能力。

五、积极履行社会责任，疫情中为小微企业解燃眉之急

在2020年的新冠疫情下，网商银行发挥服务小微的带头作用，积极履行社会责任。一是与中国银行业协会、全国工商联等行业协会共同发起"无接触贷款助微计划"。"助微计划"包括十项举措：为线上小微商家提前支付货款、为餐饮业提供专项资金支持、为快消业中小经销商提供免息贷款优惠活动、为物流业提供专项贷款、为卡车司机提供专项优惠贷款、为种植户提供专项贷款、助力销售困难企业获取资金支持、扩大票据贴现优惠范围、助力市场口碑良好的小微商家加速复工、帮助线下商户免费开拓线上经营渠道[①]。二是对湖北省全省的商家，以及全国的医疗卫生行业中的180万家的小店提供贷款利率八折的优惠。三是从2020年2月10号起对所有电商提供了共300亿元的减息和免息贷款。四是从2020年4月8号到5月7号为武汉市所有小微商家贷款免息一个月。

---

① 中国银行业协会.中国银行业协会与全国工商联、网商银行等联合发起"无接触贷款助微计划"[EB/OL].https://www.china-cba.net/Index/show/catid/235/id/30929,2020-03-05.

2020年3月疫情期间，网商银行还对淘宝平台72万家电商采取了"0账期"的优惠措施，商家发货即可获得网商银行垫付的货款资金。2020年双11期间，网商银行为进一步支持小微商户，将"0账期"升级为"负账期"，预计为商家垫资超过2 000亿元。"负账期"即对义乌商户在内的500万商家推出预售即回全款服务，消费者支付定金后由网商银行垫付全款，将商户的账期缩短20多天。通过这些举措，网商银行以最大力度助力疫情后经济回暖，为广大小微商户解燃眉之急，这些举措也体现出网商银行对于"普惠理念、公益心态"经营原则的贯彻执行。

未来，网商银行将继续积极践行社会责任，认真贯彻落实国家支持民营企业和小微企业发展的各项要求，深耕普惠金融，在稳定就业、服务实体、助力乡村振兴等方面作出更多贡献。网商银行计划进一步提高小店贷款可得率，让更多的小微企业和经营者能够公平获得金融服务。同时，网商银行将继续坚持科技驱动的发展战略，大力投入人工智能、区块链、云计算、大数据以及卫星遥感等关键技术领域的研发创新和应用转化，支撑我国"小店经济"蓬勃发展。

（本案例由大成企业研究院葛佳意根据公开材料及网商银行在调研中提供的材料撰写。）

以供应链金融带动O2O金融服务
——江苏苏宁银行

苏宁银行于2017年6月16日开业,由七家江苏省内知名民营企业发起设立,其中六家为上市公司,股东实力雄厚,产业链庞大,为该行的发展提供了丰富的业务资源和渠道支持。苏宁银行是国内首家O2O银行,该行明确了"科技驱动"的发展定位,以"研发能力、专业专注"为立行之本,以金融科技为引擎,发挥股东苏宁集团强大的资源禀赋,坚持线上线下融合的发展战略,注重将传统银行业务与金融科技融合,苏宁银行秉承"科技密集、知识密集、风控严密、低成本运营"的经营理念,聚焦区块链、大数据风控、生物特征识别、金融AI、金融云和物联网金融这六大核心技术[1],服务个人消费者和小微企业;力争在成立五年内,成为江苏地区普惠金融客群最多、金融科技技术应用最多的民营银行[2]。截至2019年年底,苏宁银行总资产639亿元,总负债597.4亿元,营业收入10.2亿元,净利润7 534.4万元。

一、基本情况

(一)股东情况

苏宁银行注册资本40亿元人民币,由苏宁易购、日出东方等民营企业共同发起

---

[1] 苏宁银行.聚焦金融科技 江苏苏宁银行拓展"区块链+物联网"应用新场景[EB/OL].http://www.suningbank.com/snb/footaboutus/news/410.html,2018-10-12.

[2] 苏宁银行.揭秘全国首家O2O银行:苏宁银行定位背后暗含哪些深意[EB/OL].http://www.suningbank.com/snb/footaboutus/news/184.html,2017-08-24.

成立。截至2019年年末，七大股东为苏宁易购（30%）、日出东方（23.6%）、江苏双星彩塑新材料（9.95%）、焦点科技（9.95%）、康得新（9.8%）、苏交科（9.8%）、天笑投资（6.9%）。高管人员方面，黄金老担任董事长。[①]

（二）资产和负债规模

成立以来，苏宁银行资产规模得以扩张，各项业务增速较快。截至2019年年末，总资产639亿元，较上一年增长97.1%；总负债597.4亿元，增长110.6%。发放贷款及垫款297.4亿元，增长179.7%；吸收一般存款436.9亿元，增长123.1%；股东权益41.6亿元，增长2.8%（见表1、表2）。

在负债端，截至2019年年底，苏宁银行吸收存款共计513.6亿元，其中一般存款达436.9亿元，增长123.1%，占总负债的比例增至73.1%。2018年、2019年两个财年，苏宁银行对同业资金的依存度都较低，吸收存款主要来源于一般性存款[②]（见表2、图1）。

表1 2018—2019年苏宁银行资产负债表

单位：元

项目	2019年	2018年
现金及存放中央银行款项	6 810 108 572	5 295 905 236
存放同业款项	4 177 935 282	4 966 805 180
拆出资金	2 330 000 000	1 880 000 000
交易性金融资产	65 000 000	
买入返售金融资产	269 680 222	1 384 413 254
应收利息	619 490 362	183 331 216
发放贷款和垫款	29 741 441 440	10 632 944 280
可供出售金融资产	12 515 926 527	5 497 116 568
持有至到期投资	6 442 591 661	2 055 055 506
应收款项类金融资产	299 600 000	
固定资产	24 627 878	17 034 275
无形资产	34 145 364	12 353 898
递延所得税资产	136 322 004	23 482 553

① 资料来源：苏宁银行2019年年报。
② 新华融媒看财经.罗丽云,李娜.苏宁金融业绩曝光,增长的小贷、银行业务能否拯救低迷的消金业务[EB/OL].https://baijiahao.baidu.com/s?id=1667464846365010693&wfr=spider&for=pc,2020-05-23.

续表

项目	2019年	2018年
其他资产	433 744 479	465 446 796
总资产	63 900 613 761	32 413 888 762
同业及其他金融机构存放款项	7 671 423 888	6 434 935 563
拆入资金	2 099 876 700	
卖出回购金融资产款	4 717 609 674	2 084 175 080
吸收存款	43 687 403 692	19 578 677 149
应付职工薪酬	52 739 712	53 633 378
应交税费	128 445 479	41 264 060
应付利息	170 593 439	82 543 739
其他负债	1 214 629 371	94 789 042
总负债	59 742 721 955	28 370 018 011
股东权益	4 157 891 806	4 043 870 751

数据来源：苏宁银行2019年年报。

表2　2018—2019年苏宁银行资产负债主要指标增长和占比情况

项目	增长率	占比	
	2019年	2019年	2018年
现金及存放中央银行款项	28.6%	10.7%	16.3%
存放同业款项	−15.9%	6.5%	15.3%
拆出资金	23.9%	3.6%	5.8%
应收利息	237.9%	1.0%	0.6%
发放贷款和垫款	179.7%	46.5%	32.8%
可供出售金融资产	127.7%	19.6%	17.0%
持有至到期投资	213.5%	10.1%	6.3%
总资产	97.1%	100%	100.0%
同业及其他金融机构存放款项	19.2%	12.8%	22.7%
拆入资金		3.5%	
卖出回购金融资产款	126.4%	7.9%	7.3%
吸收存款	123.1%	73.1%	69.0%
应交税费	211.3%	0.2%	0.1%
应付利息	106.7%	0.3%	0.3%
总负债	110.6%	100%	100%
股东权益	2.8%		

注：增长率和占比根据苏宁银行2019年年报数据计算。

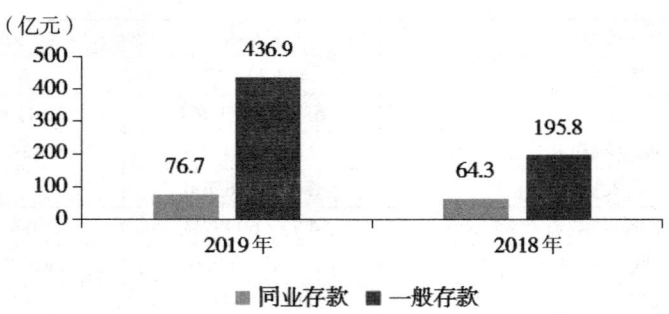

图1 2018—2019年苏宁银行存款情况

注：数据源自苏宁银行2019年年报。

（三）营收和利润

2019年，苏宁银行业绩总体实现较快增长，营业收入10.2亿元，增长125.9%；净利润7 573.4万元，较上一年增长了20.32倍；利息净收入18.2亿元，大涨283.3%，占比由2018年的105.3%增至178.7%；手续费及佣金净收入由2018年盈利740.4万元下降为净损失6 524.9万元（见表3、表4）。

表3 2018—2019年苏宁银行收入利润情况

单位：元

项目	2019年	2018年
营业收入	1 016 786 167	450 198 533
利息净收入	1 817 164 273	474 111 591
手续费及佣金净收入	−65 248 979	7 403 793
净利润	75 734 224	3 551 260

苏宁银行的营收主要来自消费金融和供应链金融业务，截至2019年年底，消费金融余额142.4亿元，占放贷总额的47.9%；供应链金融余额110亿元，占37%；微商金融余额41.6亿元，占14%。财富管理有效客户数220万人，个人客户金融资产规模236.4亿元[①]，较2018年都有较大突破。

---

① 资料来源：苏宁银行2019年年报。

苏宁银行的盈利能力正在稳步提高。2019年,苏宁银行的净息差为3.73%,处于较好水平,较2018年上升了2.08个百分点。资产回报率由2018年的0.01%升至0.12%,净资产收益率由0.09%升至1.82%(见表5)。

表4　2018—2019年苏宁银行各项业务增长和占比情况

项目	增长率	占比	
	2019年	2019年	2018年
营业收入	125.9%	100.0%	100.0%
利息净收入	283.3%	178.7%	105.3%
手续费及佣金净收入	−981.3%	−6.4%	1.6%
净利润	2032.6%	7.4%	0.8%

表5　2018—2019年苏宁银行盈利能力指标

项目	2019年	2018年
ROA(资产收益率)	0.12%	0.01%
ROE(净资产收益率)	1.82%	0.09%
净息差	3.73%	1.65%

注:ROA、ROE为大成课题组根据苏宁银行2019年年报数据计算,净息差来自年报。

(四)信贷资产质量和监管指标

2019年苏宁银行发放贷款和垫款297.4亿元,占总资产的46.5%,增长179.7%。2019年、2018年,苏宁银行不良贷款率分别为0.88%、0.00%,信贷资产风险系数较低(见表6)。

苏宁银行对于风险的防控较为严谨,持续加强信息安全管理体系建设,完善内部控制三道防线体系,能有效防范来自外部的信息科技风险、欺诈风险、市场风险,以及来自内部的操作风险。

表6　2018—2019年苏宁银行各项监管指标

项目	2019年	2018年
不良贷款率	0.88%	0.00%
拨备覆盖率	282.95%	—
流动性比例	167.09%	117.44%
资本充足率	12.39%	26.33%

2019年，苏宁银行的拨备覆盖率为282.95%，风险抵补能力符合监管要求，有充分的能力抵御坏账损失。2018年，苏宁银行的资本充足率为26.33%，2019年这一指标降至12.39%，仍在监管要求范围内，但也反映出该银行由于业务扩张，对资金的需求加大。苏宁银行在2019年、2018年的流动性比例为167.09%、117.44%，远高于监管要求的25%，具有良好的清偿能力，能够保障客户的资金安全。

二、发力线上线下业务，服务广大居民和小微企业

苏宁银行依托苏宁集团在渠道、消费场景、数据、科技等方面的资源，在获客、运营、风控等方面充分发挥双线融合优势①，并通过不断拓宽业务覆盖面和苏宁集团外的渠道，全面提升O2O金融服务能力。"O2O"即线上线下高度融合，这是该行成立以来的经营特色。线上渠道依托于苏宁易购、苏宁金融、苏宁银行三大App，充分发挥其获客优势，持续完善产品模型；线下渠道以总行营业部为核心，打造实体金融体验中心，为用户带来线上、线下全场景的金融服务。

苏宁银行线上线下的高度融合主要体现在以下方面：一是获客渠道，线上渠道与线下渠道；二是贷款业务类型，在线上开展信用贷款，在线下开展抵质押担保贷款；三是O2O账户，将线下I类户与线上II、III类电子账户相互结合与转化；四是运营，在线上推出标准产品，在线下采取定制化方案；五是产品设计，在线上运用数据挖掘技术，对数亿苏宁生态圈内的用户进行画像，为个人客户、企业客户、小微商户提供精确的定制化金融服务，推出"市民贷""微商贷"等。在线下与政府、各大平台、机构合作，积极实践普惠金融，推出面向小微商户的"房押快贷"、面向科创企业的"科技人才贷"②，结合产业特色大力开展区块链+供应链金融业务，通过与平台合作开展绿色金融业务，以及开展基金代销业务等③，力图走出一条多管齐下的特色化经营路线。

---

① 苏宁银行.揭秘全国首家O2O银行：苏宁银行定位背后暗含哪些深意[EB/OL].http://www.suningbank.com/snb/footaboutus/news/184.html,2017-08-24.
② 资料来源：苏宁银行2019年年报。
③ 资料来源：苏宁银行2019年年报。

(一)业务规模和客户结构

业务结构方面,截至2020年6月末,苏宁银行贷款规模359亿元,其中线上业务242亿元,占67.4%;线下业务117亿元,占32.6%。全行信用类贷款256亿元,占71.3%;抵押贷款69亿元,占19.2%。本地贷款212亿元,占59.1%;异地贷款147亿元,占40.9%。

客户结构方面,截至2020年6月末,苏宁银行客户总数为2 850.63万户,其中个人客户数2 850.44万户,其中个人经营性客户数86 097户。对公客户11 611户,其中小微企业客户数8 787户。线上客户数为2 840.63万户,线下客户数约为10万户。

(二)依托股东连接平台,开展消费金融业务

苏宁银行致力于为居民提供多场景、全渠道、全方位的融资贷款服务[1],苏宁银行股东苏宁集团生态圈内有30多万家供应商及其上下游商户和数亿消费者,为发展供应链金融和消费金融业务提供了客户基础。依托大股东海量的线上线下流量、智慧零售场景,苏宁银行在成立之初就储备了千万级的零售客户,使之能够快速切入金融服务的流量和场景。苏宁银行通过应用机器学习、实时标签计算等技术,对苏宁集团旗下的易购、金融、物流、文化、体育、置业等体系数据进行挖掘[2]。基于用户画像、人脸识别、大数据风控等技术,苏宁银行为个人用户推出了纯信用贷款"市民贷""升级贷"[3]。

苏宁银行的消费金融业务采取联合贷款的方式,截至2020年6月末,该行的联合贷规模约为200亿元。主要盈利模式是与合作银行以一定比例共同出资,实收利息由苏宁银行按照分利润方式支付合作银行手续费,双方共同开展风险管理。

为拓展苏宁集团以外的获客渠道,2019年苏宁银行加大与各大互联网平台的合作力度。目前,苏宁银行已与美团、途虎养车、狮桥等平台达成合作伙伴

---

[1] 资料来源:苏宁银行2019年年报。
[2] 苏宁银行.科技引路风控先行 江苏苏宁银行将把普惠金融践行到底[EB/OL].http://www.suningbank.com/snb/footaboutus/news/186.html,2017-8-24.
[3] 搜狐网.江苏苏宁银行发布市民贷和税e贷 科技支撑普惠服务[EB/OL].https://www.sohu.com/a/235978130_100112987,2018-6-15.

关系[①]，并与百度、蚂蚁金服、滴滴出行、携程等平台共同投放消费类贷款[②]，2019年该行的个人消费业务规模实现大幅度增长。

（三）深耕技术解决难题，创新供应链金融服务模式

通过发展苏宁集团和日出东方等大股东的数万家供应商，苏宁银行充分发挥股东生态圈的资源禀赋优势，围绕核心企业、仓储监管机构、垂直互联网平台等机构，为民营经济中的中小微供应商、经销商提供无需抵压担保的融资服务，重点服务高科技、软件服务、物流服务等垂直领域的技术企业[③]，推出了包括预付款融资、应收款融资、货押融资等供应链金融产品和服务；在支持产业经济发展的同时，形成银行自身的核心竞争力。截至2019年年底，苏宁银行供应链金融余额达到110亿元，累计交易量近300亿元。

苏宁银行在将区块链、物联网等技术创新应用于供应链金融的动产质押融资方面，已经取得了一定成效；先后上线了国内信用证、动产质押融资系统，打通原材料采购、生产和销售全链，优化授信机制，嵌入信息采集技术，创新解决仓储监管、动产质押难题[④]；为民营经济中的中小微供应商、经销商提供方便、快捷、低成本的融资服务。

例如，在2018年，苏宁银行与靖江太和港务公司开展动产质押融资业务合作，上线了国内首个集区块链与物联网技术于一体的动产质押融资系统，是苏宁银行首创的"区块链+物联网+动产质押"模式的第一次成功落地。用传统方式开展动产质押融资业务主要存在以下三大风险：一是存在重复融资风险；二是商品存货无法有效监控；三是涉及纸质单据易造假。而苏宁银行的动产质押融资系统则是通过物联网技术对抵押物进行视频监控，运用区块链技术厘清货物权属，利用区块链防篡改的特性将物联网搜集的数据以数字化存证的形式存

---

① 华夏经纬网.苏宁银行：用金融科技帮助小微企业"从1到N" [EB/OL].http://www.huaxia.com/xw/shgj/2020/03/6370510.html,2020-03-19.

② 华夏时报.苏宁银行2019年营收增126% 供应链金融余额达110亿[EB/OL].http://finance.eastmoney.com/a/202004301473451881.html,2020-04-30.

③ 苏宁银行.人民日报点赞：苏宁银行创新技术服务实体 引领金融新革命[EB/OL].http://www.suningbank.com/snb/footaboutus/news/413.html,2018-01-15.

④ 新浪财经.苏宁银行2019年营收增126% 供应链金融余额达110亿[EB/OL].https://baijiahao.baidu.com/s?id=1665381749862356196&wfr=spider&for=pc,2020-04-30.

储，实现物流、商流、资金流、信息流的"四流合一"。① 苏宁银行对苏宁物流、苏宁小店、苏宁易购等线下场景接入区块链+物联网+供应链金融模式，降低制造业企业融资门槛。②

苏宁银行在"区块链+物联网+动产质押"下，推出了供应链金融创新产品"E货融"。与主流商业银行开展较多的铁矿石、有色金属等大宗商品的存货及存单质押融资业务不同，苏宁银行的"E货融"着眼于在模式上进行创新。首先，"E货融"服务选取的客户群体主要是真实供应链上下游的中小企业客户，具有企业信用良好、综合实力较强、主营业务突出、与上游品牌商合作关系稳定的特点。这些企业的下游销售网络覆盖面广泛，且对销售网络具有较强控制力，其仓储监管机构也与苏宁银行有合作，能够形成场景化的供应链金融。在具体的供应链场景中，苏宁银行力图实现"见货即贷"的目标，对于缺乏固定资产和担保的客户，只要拥有可供抵质押的存货，也能存放于苏宁银行的指定仓储机构。其次，除了传统的煤炭等商品外，"E货融"项目更专注于手机、平板、电脑等3C电子消费产品，瓶装水、食用油等价格稳定的快消品，燃气灶等黑电消费品等。这类商品在供应链销售渠道中周转快、交易频繁、仓储监管难度大、处置效率要求高，以往商业银行不愿意或者缺乏能力开展该项业务。在监管模式方面，以往商业银行通过仓储监管机构对货物进行监管，与仓储监管机构的信息交互通过传真机、电子邮箱和电话等方式进行沟通，效率偏低；人工核库、巡库费时费力，很难规避监管企业的道德风险。苏宁银行则是与主流电商平台合作，将电商平台、物流平台和苏宁供应链金融平台串联，进而实现了货物的有效监管。目前，"E货融"项目支持产品包括静态动产质押、动态动产质押、未来货权质押（保兑仓）模式等。同时，在单笔存货质押监管的基础上，苏宁银行还创新发展了动态质押模式，实现对存货的"池水式"监管，即在监管货物有效质押价值符合银行监管要求的前提下，允许货物自由地进出库，提高企业的存货周转效率。

---

① 搜狐新闻.【江苏苏宁银行股份有限公司董事长 黄金老】区块链及物联网技术在动产质押融资领域的应用[EB/OL].https://www.sohu.com/a/291398354_672569,2019-01-25.

② 苏宁银行.聚焦金融科技 江苏苏宁银行拓展"区块链+物联网"应用新场景[EB/OL].http://news.163.com/19/0412/13/ECIM2IRC000189DG.html,2018-10-12.

三、发力小微金融业务

在小微金融的数据化风控方面，苏宁银行基于合作的互联网平台提供的历史订单、征信等数据，以及与地方政府合作获得的税务数据，运用大数据风控等技术，建立了有效的小微企业客户评价体系。例如，2017年，苏宁银行与南京地税签署了《银税战略合作框架协议》，依托"互联网+税务+金融"的线上合作模式，在纳税人自愿申请或授权的前提下，由税务部门将纳税信息、纳税信用等级评价结果等信息在线提供给苏宁银行，苏宁银行则结合其他相关指标，对纳税信用为B级以上的企业进行综合授信评价和客户风险管理[①]。

在小微金融产品设计方面，苏宁银行结合小微商户不同的经营周期和资金需求，推出了纯信用"微商贷"和房屋抵押贷款"微商贷"两款主要产品，合理设置货款期限和还款方式[②]。此外，苏宁银行也不断扩展外输合作渠道和商品购销合作平台，为外卖小店、物流运输、汽维保等客户群提供定制化贷款产品[③]；并设立了"科技金融部"，针对高成长性的科技型企业组建研究团队，搭建服务小组，推出了"科技人才贷"等金融产品[④]。

四、开发围绕个人消费者和小微企业需求的特色产品

围绕个人消费者和小微企业的需求，苏宁银行开发了一系列贷款产品。其中，信用贷款产品包括面向个人用户的"升级贷"、面向小微企业的"微商贷"（信用）、供应链金融产品"信易融"。抵押贷款产品包括"微商贷"（房抵）和"房押快贷"。

---

① 南京市政府网站.南京地税携手苏宁银行共建银税合作战略关系[EB/OL].https://news.sina.cn/gn/2017-06-29/detail-ifyhryex5406641.d.html,2017-06-29.

② 苏宁银行.苏宁银行心系实体经济 前沿科技赋能普惠金融[EB/OL].http://www.suningbank.com/snb/footaboutus/news/492.html,2020-04-23.

③ 资料来源：宁银行2019年年报.

④ 中国城乡金融报.苏宁银行服务科技创新型企业成长[EB/OL].http://www.zgcxjrb.com/epaper/zgcxjrb/2019/03/27/B02/story/571770.shtml,2019-03-26.

1. 信用贷款："升级贷""微商贷""信易融"

（1）"升级贷"

"升级贷"是苏宁银行为个人消费者在装修、购车、旅游、留学、婚庆等方面的合法消费需求提供的纯信用贷款服务。该产品的特点是纯信用、无抵押、无担保、审批快。用户可在线申请，即时审批，1分钟即可到账；最高额度30万元，最高5年循环授信；随借随还、按日计息，支持先息后本、等额本息、月供还款。截至2020年6月末，"升级贷"累计发放贷款48 078笔，累计发放量20.26亿元，贷款余额28.96亿元。

"升级贷"采取大数据风控，引入公积金数据、地税数据、第三方合作数据、人行征信数据、反欺诈数据进行大数据风控。采用线上运营模式，运用优惠礼券等互联网运营工具，依托互联网提供多样增值服务。在渠道方面运用O2O融合的策略，线下门店推介和在线渠道办理同时进行，积极布局产品外输渠道。

（2）"微商贷"

"微商贷"（信用）是苏宁银行为广大中小微企业提供的普惠贷款产品，解决中小微企业经营中的流动性资金需求，最高额度200万元，免担保、免抵押，可循环贷款，循环额度有效期最长1年。客户可在线申请、在线审批，授信当日即可申请借款，无需纸质申请材料。"微商贷"采取法人认证、企业认证、纳税认证，3步实现贷款极速申请。截至2020年6月30日，微商贷累计贷款发生额74 338万元，贷款余额64 738万元。

（3）供应链金融产品"信易融"

"信易融"是苏宁银行以发票数据反映的经营信息为基础，向正常经营的企业客户提供的纯信用贷款，最高借款额度可达500万元。该产品利用征信信息、银行内部数据以及其他外部征信及预警信息，对借款人进行综合信用评价，由系统在线自动审批。审批通过后，在线授予授信额度，借款人在线支用额度，或在线发放贷款。该产品的特点是纯信用、免担保、免抵押，全流程线上操作，在线授予授信额度、借款人在线支用额度或在线发放贷款；申请快、审批迅速、手续少；授信额度可循环使用，循环额度有效期最长1年；贷款期限有3个月、6个月、9个月、12个月可供客户选择。截至2020年6月末，信易融年度累计贷款发生额4 751万元，贷款余额4 065万元。

2. 抵押贷款产品"微商贷"（房抵）"信易融"

（1）"微商贷"（房抵）

"微商贷"（房抵）是苏宁银行面向可以提供房产抵押的小微企业主及个体工商户提供的抵押贷款服务。客户最高可获得1 000万元贷款额度，单笔贷款期限最长5年，采用气球贷的还款方式，前期还款压力小。截至2020年6月末，微商贷（房抵）年度累计贷款发生额2.22亿元，贷款余额18.11亿元。

（2）"房押快贷"

"房押快贷"是苏宁银行对能够提供足值、有效的抵押物担保的小微企业自然人发放的抵押贷款，用于生产经营周转的人民币流动资金贷款业务，最快三天获批，最长期限五年。要求企业主为中国内地居民，年龄22~65周岁，企业及企业主均无不良信用记录。此产品在试点期间仅支持南京主城的住宅，不含高淳、溧水、六合的抵押物。

五、以科技提升金融风控能力

苏宁银行运用科技手段，整合在苏宁易购旗下平台、门店以及供应链上下游积累的大数据，持续完善风险防控体系，能够有效防范信息科技风险、市场风险、欺诈风险，确保资金和信息安全。此外，苏宁银行在内部的风险管控方面也较为严谨，通过实施构建内部控制三道防线、开展业务连续性应急演练等措施，降低员工操作风险、业务中断等问题的发生几率。

在防范客户的欺诈风险方面，苏宁银行对银行业务装置进行改造创新，完善了大数据风控系统；在2017年，苏宁银行上线了拥有10亿级数据规模的"幻识"反欺诈情报图谱。"幻识"图谱是基于大规模图计算的2C、2B关系挖掘系统，以苏宁生态圈的大数据和用户社交网络为起点，运用数据挖掘、图形学、关系推理、图数据库等技术，构建了一个多类型的实体关系网络；能够实施行为监控、收集、分析，及时预警潜在风险，提供在线快捷身份关系核验、敏感信息核验、风险分值评估、风险变化探针、深度欺诈检测、团伙欺诈检测和欺诈调查指导为一体的反欺诈情报解决方案[①]。此外，苏宁银行上线了RDS反欺

---

① 苏宁银行.科技引路风控先行 江苏苏宁银行将把普惠金融践行到底[EB/OL].http://www.suningbank.com/snb/footaboutus/news/186.html,2017-08-24.

诈系统2.0，累计部署风控反欺诈专家策略135条，接入侦测场景56个；拥有风控建模及规则变量6 000多个。苏宁银行还自主研发了区块链黑名单共享平台，实现对欺诈风险的联防联控，目前黑名单上榜数达660万。

在防范信息科技和安全风险方面，苏宁银行持续完善信息科技风险管理架构，建立了四级制度体系，实现了配置核查、安全漏扫以及代码安全审计的自主化、常态化开展；以及加强安全规范与标准建设，完成Java安全编码等，组织开展的各类安全监测与评估涉及系统30余个。苏宁银行还持续进行风险排查，邀请第三方安全评测机构对系统进行安全检测与评估。[①]

在防范化解市场风险方面，苏宁银行采取了一系列措施。一是完善市场风险管理架构，设立业务部门内的风险合规部；二是根据需要优化年度市场风险授权和限额方案，丰富限额指标体系，加强授权和限额执行情况监测；三是依托系统数据提升市场风险管理水平。

在规避操作风险方面，苏宁银行注重贷前、贷中、贷后管理和业务的连续性，规范操作风险管理程序和标准，推进关键风险指标的重检优化；制定连续性评估报告、重要业务专项应急预案等，强化应急预案演练，提升业务中断应急管理能力。对于人员管理，苏宁银行也制定了强化关键岗位管控、监测员工行为等措施。

在内部风险防控方面，苏宁银行也制定了较为严谨的风控流程，主要是加强内部控制三道防线。一是要求各业务部门履行经营过程中的制度建设与执行、业务检查、组织整改等职能；二是对风险点加筑防范体系，统筹规划、组织实施和检查评估内控机制，识别、计量、控制各类风险；三是进行对内控和风控有效性、充分性进行内部审计。

六、全面布局金融科技，大力投入各项研发

苏宁银行积极拓展线上业务，高度重视科技创新，尤其关注大数据、互联技术、人工智能、安全技术、分布式技术等金融科技的发展与应用，积极推动成果转化。成立三年来，该行的高新技术产品收入、知识产权数量等关键指

---

① 资料来源：苏宁银行2019年年报。

标综合排名在全国18家民营银行中前三，是江苏省内知识产权数量最多、科技人员占比最高、科技投入占比最高的银行。先后入选江苏省博士后创新实践基地、江苏省民营科技企业以及江苏省供应链创新与应用重点培育企业等。

截至2020年6月末，苏宁银行的科技人员占比在53%以上，2019年研发经费占营业收入比为7.56%，2018年研发经费占营业收入比为10.37%，远高于一般商业银行。

在专利成果方面，截至2019年年底，苏宁银行累计发表27件软件著作权、申报受理48项专利，荣获了银保监会、中国人民银行以及南京市多个科研奖项，并有两个项目成功纳入科技部、人行等六部委组织的全国金融科技应用试点。

在分布式技术方面，苏宁银行于2019年上线了新核心系统"云开"。"云开"系统为国内首个线上线下一体化的银行核心系统，采用"苏宁云"分布式技术架构，为线上线下的账户提供统一标准的服务接口，解决了传统双核心系统存在的账户割裂、不支持高并发交易等问题，能够提高研发效率，缩短批量时长，实现在线扩容。在2019年"双十一"期间，"云开"系统实现高峰期每分钟处理各类账务交易近万笔，查询交易数万笔，处理时间在0.1秒以内，为2 000多万用户提供了快速的交易体验①。

在数据技术方面，苏宁银行研发了对私和对公的CRM系统，为企业信息数据的查询、贷款产品准入策略的制定提供数据支撑。通过将SAP系统采购订单、库存数据、SOA系统合同信息数据等，转化成为32万企业级客户的对公客户数据库，构建基础信息、财务信息、业务信息、关联信息四大信息类别，提供13类二级分类信息共396个标签数据。②

在区块链和物联网技术的应用方面，苏宁银行主要取得了四项成果。一是在2017年上线了基于区块链技术的国内信用证信息传输系统，实现严格合规、无需第三方、实时开证、全程加密的国内信用证线上开证、通知、交单、承兑、付款等③，成为继中信银行、民生银行后加入国内信用证区块链联盟的全

---

① 资料来源：苏宁银行2019年年报。
② 苏宁银行.科技引路风控先行 江苏苏宁银行将把普惠金融践行到底[EB/OL].http://www.suningbank.com/snb/footaboutus/news/186.html,2017-08-24.
③ 网易新闻.苏宁银行首笔区块链福费廷落地，国内信用证业务全打通[EB/OL].http://news.163.com/19/0412/13/ECIM2IRC000189DG.html,2019-04-12.

国第三家银行[①]。二是在2018年上线了区块链黑名单共享平台，支持多业务领域风险联防联控。三是在2018年创新研发了业内首个基于区块链和物联网技术的动产质押融资平台，并在之后陆续推出了区块链+物联网汽车库融平台、区块链+物联网3C商品监管平台。尤其是在物联网技术应用方面，其供应链融资服务系统动产质押融资业务产品，能够利用物联网技术监控质物的物品形态，实现信息流、资金流、实体流三流合一的风险管理框架，将主观信用金融体系升级为客观信用金融体系。物联网技术赋予供应链金融系统对于物理世界的感知能力，赋予了银行对于动产押品在物理状态、时间和空间上的感知和监督的能力，进而提升了银行对动产质押融资的风险管理水平。四是在2019年完成了首笔区块链福费廷业务交易，实现信息流、物流、资金流三流合一，以及贸易流全程可视化。[②]

在人工智能领域，苏宁银行通过建设回归、树模型、迁移学习、神经网络、聚类等多个技术模型，开展了用户画像、特征工程、评分卡开发等工作，从多个维度开展了数据分析工作。数据分析结果应用在市民贷、升级存、会员贷等项目产品中，通过电销验证了首批模型对该行客群具有较好的分层效果。

在移动互联技术应用方面，苏宁银行SDK专区、苏宁银行-微信银行均使用了移动互联技术，用户在手机端即可开立线上电子账户，随时随地可实现账户资金查询、交易明细查询、资金转入转出等操作。

七、履行社会责任，助力小微企业抗击疫情

2020年新冠肺炎疫情期间，苏宁银行在保证信贷资产安全的前提下，针对中小微企业采取了一系列的纾困措施，缓解疫情对小微企业带来的冲击，助力实体经济复苏。

苏宁银行采取的具体措施：一是根据相关政策要求，对于疫情前经营正常、受疫情冲击经营困难、涉及担保的保持有效担保安排或提供替代安排、承诺保持就业岗位基本稳定的企业，根据客户意愿，按照"应延尽延"的要求

[①] 搜狐网.江苏苏宁银行发布市民贷和税e贷 科技支撑普惠服务[EB/OL].https://www.sohu.com/a/235978130_100112987,2018-06-15.

[②] 网易新闻.苏宁银行首笔区块链福费廷落地，国内信用证业务全打通[EB/OL].http://news.163.com/19/0412/13/ECIM2IRC000189DG.html,2019-04-12.

实施阶段性展期，最长可延长到2021年3月31日。客户不因展期下调评级与分类，贷款不因展期强制下调分类形态，不影响企业征信记录。二是在线上业务方面，加强与各类平台/场景合作，借助大数据风控技术建立有效的客户评价体系，精准判断客户资信状况，针对性提供便捷的融资服务。结合小微企业经营周期和实际用款需求，合理设置贷款期限和还款方式，部分产品给予客户循环额度，实现贷款随借随还，提高企业资金周转效率，提升企业经营效益。依托企业网贷系统、供应链金融系统降低运营成本，精确识别民营小微企业风险状况，实现企业低成本融资。三是在线下业务方面，在深入开展支持民营和小微企业发展调研基础上，分析在提供相关金融服务方面存在的问题，研究优化扶持措施，加大普惠金融拓展力度。

未来，苏宁银行会坚守"科技驱动的O2O银行"的战略定位，力争成为江苏地区普惠金融客群最多、Fintech应用最多的新型银行，稳步实现民营银行"SAT"的整体发展目标。为了保持核心科技优势，苏宁银行会继续加大金融科技的开发和应用，保持IT职能渗透高管层，从董事会到管理层注重IT、信息工程等领域的专才配置，保持全员IT人才占比不低于50%，保持三年内R&D支出达到1.5亿~2亿元用于金融科技建设。同时，该行将以稳中求进为总基调，以创效为目标，坚持高质量发展，遵循"金融科技+场景金融=普惠金融"的经营逻辑，为践行普惠金融贡献力量。

（本案例由大成企业研究院葛佳意根据公开材料及苏宁银行在调研中提供的材料撰写。）

产业银行,链接共荣
——湖南三湘银行

湖南三湘银行于2016年12月26日正式开业(以下简称"三湘银行"),是湖南省和中部地区首家民营银行,以"让银行成为一种随时可得的服务"为使命,围绕目标产业生态圈和消费金融,定位于"服务产业,发展普惠"的产业银行。

一、基本情况[1][2][3]

三湘银行注册资本30亿元,由三一集团、汉森制药等9家民营企业作为发起人股东共同发起设立。

表1 股本结构及股东情况

序号	发起人股东名称	认购比例(%)	认购股份(亿股)
1	三一集团有限公司	18	5.4
2	湖南汉森制药股份有限公司	15	4.5
3	湖南三一智能控制设备有限公司	12	3.6
4	湖南同发投资有限公司	9.8	2.94
5	湖南省中欣房地产开发集团有限公司	9.8	2.94
6	湖南安培电力带电作业有限公司	9.8	2.94
7	湖南安鑫物流有限公司	8.3	2.49
8	长沙澄海实业有限公司	7	2.10
9	湖南省八环建筑工程有限公司	5.2	1.56
10	长沙嘉斯通能源科技有限公司	5.1	1.53
	合计	100	30

注:数据源自三湘银行官网。

---

① 湖南三湘银行. 2019年年报.
② 湖南三湘银行. 2018年年报.
③ 湖南三湘银行. 2017年年报.

三湘银行的十大股东均为民营企业，三一集团占股18%，为第一大股东；汉森制药占股15%，为第二大股东；三一智能占股12%，为第三大股东。其他七位股东分别为同发投资、中欣房地产、安培电力、安鑫物流、澄海实业、八环建筑和嘉斯通能源（见表1）。

（一）资产及负债

截至2019年年底，三湘银行资产总额515.81亿元，较年初增加200.43亿元，同比增长63.55%；各项贷款余额221.94亿元，较年初增加89.81亿元，同比增长67.97%；各项存款余额432.40亿元，较年初增加164.47亿元，同比增长61.38%（见表2）。

表2 2018—2019年三湘银行资产负债主要情况

项目	2019年	2018年	比上年净增	增减幅（%）
资产总额（亿元）	515.81	315.38	200.43	63.55
其中：发放贷款和垫款净值（亿元）	217.12	129.95	87.17	67.09
交易性金融资产（亿元）	10.82	9.88	0.94	9.48
可供出售金融资产（亿元）	100.95	52.7	48.25	91.56
应收款项类投资（亿元）	58.2	52.41	5.8	11.06
买入返售金融资产（亿元）	0	24.24	−24.24	−100
持有到期投资（亿元）	35.82	4.76	31.06	652.31
同业和其他金融机构往来（亿元）	85.31	37.87	47.44	125.29
其他（亿元）	7.59	3.58	4.01	111.91
负债总额（亿元）	481.4	283.75	197.65	69.66
其中：吸收存款（亿元）	369.37	149.83	219.54	146.52
同业存款（亿元）	63.03	118.11	−55.07	−46.63
其他（亿元）	48.99	15.81	33.18	209.83
股东权益（亿元）	34.41	31.63	2.78	8.8

注：数据源自三湘银行官网，本节下同。

其中：一般性存款余额（含非存款类金融机构）369.36亿元，较年初增加219.54亿元，同比增长146.52%；同业存款余额63.03亿元，较年初减少55.07亿元，同比下降46.63%（见表3）。

表3 2018—2019年三湘银行存贷款主要数据

项目	2019年	2018年	比上年净增	增减幅（%）
存款总额（亿元）	432.4	267.94	164.47	61.38
其中：公司存款（亿元）	209.03	134.3	74.73	55.64
个人存款（亿元）	160.33	15.53	144.81	932.63
同业存款（亿元）	63.03	118.11	−55.07	−46.63
贷款总额（亿元）	221.94	132.13	89.81	67.97
其中：公司贷款（亿元）	100.16	75.33	24.83	32.96
个人贷款（亿元）	121.78	56.79	64.98	114.42
贷款减值准备（亿元）	4.82	2.18	2.64	120.7
发放贷款及垫款净值（亿元）	217.12	129.95	87.17	67.09

2020年上半年三湘银行业务发展快速，截至6月末，中长期贷款59.18亿元，占总贷款余额280.43亿的21.10%；短期贷款占比78.90%；个人贷款余额134.55亿，占比47.98，企业贷款余额145.88亿，占比52.02%；线上业务规模贷款余额106.39亿，占比37.94%，线下业务贷款余额174.04亿，占比62.06%；抵押贷款余额55.98亿，占比19.96%，信用贷款余额206.99亿，占比73.81%。

（二）营收及利润

2019年度，三湘银行实现营业净收入12.58亿元、经营利润7.91亿元、净利润3.19亿元。服务客户268.99万户，缴纳各类税收2.34亿元；平均净资产收益率（ROE）9.65%，较上年提高4.68个百分点；平均资产收益率（ROA）0.77%，较上年下降0.02个百分点；人均创收313.43万元，较上年增加27.30万元，同比增长9.54%（见表4）。

表4 2018—2019年三湘银行经营和盈利情况

项目	2019年度	2018年度	同比增减（%）
营业收入（亿元）	12.58	6.81	84.79
经营利润（亿元）	7.91	4.23	86.90
利润总额（亿元）	3.92	1.96	100.48
净利润（亿元）	3.19	1.53	107.94
平均资产收益率（%）	0.77	0.79	−0.02
平均净资产收益率（%）	9.65	4.97	4.68
成本收入比（%）	36.24	37.26	−1.02
信贷成本（%）	1.83	2.20	−0.37
净息差（NIM）（%）	2.59	3.00	−0.41
净利差（NIS）（%）	2.43	2.45	−0.02

（三）资产质量和监管指标

截至2019年年底，三湘银行的流动性比例为228.56%，不良贷款率为0.59%，资本充足率为11.28%，单一客户贷款集中度为7.70%，单一集团授信集中度为11.36%，拨备覆盖率为367.29%，主要监管指标符合监管的要求（见表5）。

表5 三湘银行主要监管指标

指标	指标标准（%）	2019年度（%）	2018年度（%）
流动性比例	≥25	228.56	126.84
不良贷款率	≤5	0.59	0
资本充足率	≥10.5	11.28	14.83
杠杆率	≥4.0	5.86	8.97
单一最大客户贷款占资本净额比率	≤10	7.70	8.98
单一集团授信集中度	≤15	11.36	11.83
拨备覆盖率	≥150	367.29	∞

（四）客户结构

三湘银行的贷款客户聚焦目标产业链上的客户，包括产业链B端客户、产业链C端客户和长尾客户；存款客户主要依托"引流""场景"和"地推"三个渠道大力拓展。

截至2020年6月末，三湘银行服务客户517.95万户。企业客户行业分布：批发和零售业636户，占比32.09%；制造业366户，占比18.47%；租赁和商务服务业225户，占比11.35%；信息传输、软件和信息技术服务业120户，占比6.05%；建筑业109户，占比5.5%；房地产业107户，占比5.4%；其他行业419户，占比21.14%。

二、明确战略定位，实现差异化经营

（一）经营战略实施路径

三湘银行的发展理念是沿着产业发展的方向服务民营企业，以核心企业为依托，助力产业链上技术先进的民营企业发展。紧紧围绕目标产业生态圈，面向小微企业提供经营周转贷款，助力他们创业创新成功；面向目标产业链企业员工和产业C端，以及长尾人群提供小额消费贷款，助力他们实现美好生活，提高金融服务的覆盖率、可得性、便利度和满意度。

三湘银行设置了产业银行、普惠金融、科技产品、智慧中台、后台支持五大集群，同时，在产业银行集群下设先进装备制造业、现代服务业、大健康、城市更新及TMT五大行业金融事业部。通过建立产业专营机制，垂直整合目标产业，以产业链思维整合上下游客户群。为目标产业核心企业提供"股权+债权+贷款+代理+顾问"综合金融服务方案；为目标产业核心企业的上下游中小微企业，提供"综合票据资产管理、在线供应链金融、智能支付结算和综合信息管理"四大特色金融服务，为目标产业链企业提供"信贷资产证券化、投贷联动和并购"金融服务；为目标产业链企业员工、产业C端和普罗大众，提供"消费金融+社区金融+园区金融+移动银行App"服务。

（二）实施三进战略，做老百姓自己的银行

为支持民营经济发展，服务实体经济和乡村振兴战略，三湘银行在全行内

推行"地推"策略和"三进"战略（进园区、进乡村、进社区）。截至2020年6月末，三湘银行累计建设惠农金融服务点67个、社区服务点67个，搭建"湘遇美好生活社区""三湘悦读会"社群，为推广"三进"业务产品、增强客户黏性打下了良好基础。

1. "三进"战略

进园区方面，三湘银行在14个园区/市场，组织营销推广活动22场次，触达客户7 000人次。通过与湾田等5个产业园区达成合作协议，服务覆盖企业客户510户，发放普惠贷款4 000万元，2019年全年拟覆盖园区/专业市场10个，为2 000家小微企业、5万户C端客户提供金融服务。

进社区方面，三湘银行开辟了10个社区金融服务根据地，建立了4个基层党建流动站，引入73家社区渠道合作伙伴，累计组织普惠金融大讲堂等活动90场。2019年全年拟拓展社区金融服务站30个，助力社区居民美好生活的实现。

进乡村方面，通过在长沙周边9个镇对近10万农户开展"三农"金融需求实地调研，三湘银行发现"三农"金融供给与需求的矛盾突出，"三农"金融市场具有广阔的空间。该行进一步下沉渠道、管理和产品，加强对新型农业经营主体和特色农业的金融支持。

2. "地推"策略

2019年3月，推出"三湘银行号"高铁冠名品牌专列，该车次线路总里程809公里，覆盖了湖南、广东两个重点省级区域市场，覆盖1.42亿的受众人群。在此趟高铁专列上，在旅客目光所及的各个细节处都能看到三湘银行的醒目LOGO和主打产品推介，让三湘银行的品牌、服务产品和理念在乘客眼前和心间留下印记（见图1）。

2019年6月，三湘银行依托社区移动金融服务车建成湖南银行业首家5G智慧网点，是该行特色化营销获客的有力探索（见图2）。截至2020年6月末，全行一般性存款规模达到387亿元，占总负债的比例达到了72.8%。

图1　三湘银行高铁冠名品牌专列

图2　三湘银行社区移动金融服务车

三、创新特色产品，构建服务平台

三湘银行以优质服务和产品开拓市场，积极推出符合市场需求、贴近居民需要的金融产品；充分发挥制度灵活性优势，及时跟踪市场热点和行业增长点，时刻保持走在行业创新、技术创新、产品创新的前沿。

（一）产业链融资产品

三湘银行面向小微企业提供经营周转贷款，助力其实现创业创新成功（目标产业链B端客户）；面向目标产业链企业员工和产业C端，以及长尾人群提供小额消费贷款（目标产业链C端客户）。

截至2020年6月末，三湘银行产业链金融产品中，累计发放产业贷款294.42亿元（累计1 172.46亿元），余额145.89亿元，占比42.78%、贷款利息收入占比37.6%；一般性存款余额161.07亿元，占比42.01%。

1. 链贷

"链贷"是2020年三湘银行产业链融资的全新代表产品。该产品具有额度高、放款快、期限长、还款灵活等特点。包括：信用贷、存货贷、订单贷、应收贷等子产品。

三湘银行作为产业的金融合伙人，根据各目标产业生态圈的具体特点，以核心企业为依托，面向小微企业，通过产业银行平台在线实现产业链各环节信息流、物流和资金流各个系统间的无缝对接，为上游供应商、下游经销商、物流仓储服务商、交易平台及终端客户，提供符合其自身行业特色的、深度定制化的、产业互联网化的融资解决方案，助力他们提高交易效率、降低交易成本、把握市场先机、实现价值增长。

2. 产业链B端融资产品

借助金融科技手段、围绕目标产业链，三湘银行打造线上化融资服务平台和产业链B端系列融资产品。继2018年投产"惠农贷"线上融资服务平台之后，2019年"克明贷""丰农贷""易秒贴""岳塘贷"等产品也陆续上线，通过客户申请、审批、开户、放款、还款的全流程线上操作，极大地提高了客户经理服务小微企业的服务效率和产能上限。

3. 产业链C端融资产品

截至2020年7月末，三湘银行围绕核心企业已打造了14款定制化产业链C端融资产品，当月投放2.4亿元、当年投放11.07亿元，累计投放21.14亿元、余额13.11亿元，比年初增长5.81亿元。其中代表产品有："装备系列贷"当年投放6.73亿元、余额8.2亿元，比年初增长5.45亿元；"正邦贷"当年投放2.2亿元、余额0.77亿元，比年初增长0.6亿元；"怡亚通"当年投放0.08亿元、余额0.07

亿元，比年初增长0.07亿元；"大汉贷"当年投放0.67亿元、余额0.23亿元，比年初增长0.23亿元；"隆平高科"当年投放0.45亿元、余额2.48亿元，比年初降低0.92亿元；"唐人神"当年投放0.93亿元、余额1.21亿元，比年初增长0.45亿元；"旺优贷"当年投放0.02亿元、余额0.02亿元，比年初增长0.02亿元。

（二）壹贷

三湘银行的"壹贷"系列产品包括：消费壹贷、税壹贷、经营壹贷、按揭壹贷等。

1. 消费壹贷，是基于自动化风控模型和决策引擎，实现在线申请、自动审批和快速放款的个人消费信用贷款产品。

2. 税壹贷，是以税务信息为依据，结合小微企业的生产经营和信用状况，运用大数据风控手段，为连续正常纳税的小微企业主、个体工商户提供的无抵押、无担保、按日计息、随借随还、循环使用的个人经营性贷款。2020年初与湖南省税务局签订"银税互动"合作协议，并于2020年4月完成系统对接与产品设计，目前授信客户11户，贷款余额约为500万元。

3. 经营壹贷，是基于目标产业链核心企业的数据共享，结合经营数据、设备数据和客户信用等信息，向下游小微企业主、个体工商户提供免抵押、免担保、按日计息、随借随还的经营性贷款。

4. 按揭壹贷，是以"线上操作、自助申报、智能审批、方便快捷"为产品特色，与房地产管理部门或设备权证管理部门进行系统对接，实现回执电子化、放款自动化，为客户提供的"一站式"服务的个人住房或设备按揭贷款。

（三）快贷

"快贷"系列产品按照"产品标准化、手续简便化、体验极致化"的要求，紧紧围绕"真人、真房、真抵押"，通过建立客户画像、评分策略、额度策略、定价策略等线上机制，以裂变营销、线上与线下结合的渠道营销方式，做到随时随地、随借随还、智能推送、智能支付。

比如"抵押快贷"，是三湘银行向有房人士提供的房产抵押循环授信贷款产品，该产品手续简便，可根据客户需求随借随还、按天计息；授信最高500

万、最长30年、单笔最长15年，额度在有效期内可循环使用；资料齐全的情况下可最快3~5个工作日实现放款；进件灵活、评估透明、一站式服务，是该行优质稳定客户来源。

2020年上半年，"抵押快贷"投放呈现稳定、有序增长，贷款余额7.03亿元，并成功对接长沙不动产中心"云抵押"系统，通过在三湘银行行设置抵押登记与公证服务窗口，实现高效、便捷、优质的"一站式"服务。

（四）产业银行平台

"产业银行平台"是三湘银行在企业生态与银行业务系统之间构建的一个平台，包括企业管理、生意管理、企业生态、商城及金融等功能模块。该平台承接对外连接企业业务及生态、对内连接银行系统的作用，是三湘银行为方便企业直接使用金融服务和购买金融产品而研发的创新平台。三湘银行为平台内企业客户和个人客户提供在线融资、在线支付、在线理财、账户管理等综合金融服务。

企业客户入驻该平台后，可实现对客户管理、产品管理、合同管理、销售、采购、记账等企业管理功能的线上化。以及通过邀请企业上下游的供应商、客户、分销商、物流商等企业和个人入驻平台，构建企业生态圈，通过线上化协同作业，提升企业的运营效率，降低企业管理成本，提升企业竞争力。同时，依托平台商城和生态圈，企业用户还可以实现商品的采购和销售，创造商机。

"产业银行平台"是三湘银行建设数字化产业银行的重要举措之一，从2020年初启动建设至今，产业银行平台已完成了项目一期建设，产业银行App在华为、小米和腾讯应用市场已上架，有几十家企业客户已申请入驻。

四、核心竞争力形成之路

尽管三湘银行在资本实力、资金成本、信息技术等方面，当下还难以与大型银行竞争，但在客户选择、人才队伍建设、经营机制、薪酬设计方面却有着明显优势，形成核心竞争力的关键在于扬长避短进行差异化经营。具体落实在金融科技能力建设、人才培养和风险控制等方面。

（一）稳步构筑金融科技能力

三湘银行通过新核心系统、操作型数据平台（ODS）、企业服务总线（ESB）、综合信贷系统等一系列基础系统建设，大力发展金融科技，积极推进金融科技应用落地。一是打造数字化银行。将客户信息、员工行为、业务流程等信息数字化；推进客户、产品在线化；建立财务集市、业务经营驾驶舱等数据应用。二是建立一系列数据应用平台。对全行数据信息的收集、分析、使用和展示进行统一管理，极大地提升了业务营销能力和数字风控能力。三是落地一系列金融科技应用。通过引入运维机器人、搭建5G智慧网点、建设区块链平台等举措，切实提高银行业务运作效率。

（二）科技研发和人才建设

成立三年多来，三湘银行大力支持金融科技研发。一是成立人工智能、区块链和开放银行三个金融科技创新工作室。工作室围绕管理、技术、产品和服务等方面进行产品创新，积极开展产品设计、产品开发、产品测试、风险评估等工作。二是重视知识产权保护。目前共有1项发明专利和57项软件著作权，另外有17项发明专利已提交国知局审查。三是积极申报高新技术企业认定。2019年度，三湘银行的IT投入占比达到7.69%，主要涵盖新技术研究、系统建设及研发人员投入等费用。截至2020年上半年，该行已有科技员工179人，科技人员占比超过全行人数的三分之一。

三湘银行致力于打造一支涵盖"产业+金融科技+互联网金融"的高素质人才队伍，为进一步吸引和保留人才、促进人才队伍建设，三湘银行主要采取了以下措施：

一是构建"赋能、共生、协同"的组织架构，设立产业银行等五大集群，理顺人才管理体制。

二是完善岗位管理体系，畅通人才职业发展通道。

三是完善人才招聘机制，多渠道加大"产业+金融科技+互联网"金融人才补充力度。

四是强化人才培养机制，加大金融科技人才培养力度。

五是健全具有市场竞争力的薪酬管理体系，充分调动各类人才积极性。

六是以价值创造者为本,构建"六能"机制,强化绩效管理和激励约束。

(三)风险防控措施

1. 强化重点领域风险防控

三湘银行严格实施"控制总资产、提升ROE、降低风险"的经营策略,调整资产结构,降投资增贷款;调整信贷结构,持续压降大额信贷,坚持"小额分散",大力发展1 000万以下的小微企业和C端贷款;全面落实资产穿透、周复盘清点制度、机构负责人现场核查和问题贷款"一户一策"机制,确保每笔资金的风险清楚、可控。

2. 建设数字风控体系

一是完善核心数据和数据湖,以申请数据、人行征信、百行征信、贷后数据为核心数据,以社保、发票、房产估值、税务、司法、产业链信息、民间借贷、外部黑名单等合法、合规外部数据源为卫星数据的数据湖;二是完善风险策略体系,实现贷前反欺诈、准入、授信和用信四大类风险策略自动化;三是构建与场景金融产品相适配的风控能力,比如通过构建消费壹贷、税壹贷、经营壹贷等场景化产品的用户画像、风险定价模型;四是通过与各类O2O平台的合作,建立目标产业链B端风控模式;五是打造数字化风控能力,通过优化山茶花信用体系,建立反欺诈策略、信用评估和收益预测三大工具箱。

3. 构筑五道风控防线,变"人治"为"数治"

三湘银行风控防线构筑的起点是明确市场定位,第一道防线是建立反欺诈体系,筛选出好人与坏人;第二道防线是按产品建立信贷策略规则和专家数据模型,形成打分卡;第三道防线是通过内部挖掘和外部合作,找到合适的、可靠的数据信息;第四道防线是进行数据信息验证信贷数据模型的正确性和有效性;第五道防线是根据验证结果持续调整、优化模型,找到准确的模型误差,使之符合业务场景。总之一句话,就是变"人治"为"数治",搭建数据驱动型风控体系。

五、近期发展规划

三湘银行紧紧围绕目标产业链生态圈,构建各方受益、产业链协同的产业银行平台，让服务随处可得、随时可得、与万物共生，成为中国最伟大的产业银行、老百姓自己的银行、最佳数字化产业银行。计划到2022年实现以下具体目标：

一是建立开放银行三湘标准，形成区块链、产业链和开放银行三链融合模式，对外提供500+个标准API接口，打造具有三湘特色的开放银行联盟。

二是形成具有自主知识产权的数据风控体系，实现精准预测、快速响应、快速审批、智能监测、智能预警和智能催收。

三是服务客户数1500万户，其中：目标产业核心客户400户、产业链B端客户8 000户，产业链企业员工和C端客户50万户，普罗大众客户超过1 450万户。

四是确保关键系统100%自主可控、安全高效；确保需求、部署、变更、开发和测试全流程敏捷，实现按天迭代；确保成本领先，极大地降低账户运维成本。

五是全面实现营运作业自动化、智能化，客服机器人交互话务量占比达到95%，客户临柜业务自助率达到90%，智能识别情景催收率达到90%，人工接听率降低至5%，App活跃用户达到500万户。

（本案例由大成企业研究院张丽华根据公开材料及三湘银行在调研中提供的材料撰写。）

打造中国领先的产业链数字生态银行
——重庆富民银行

重庆富民银行股份有限公司是经原中国银监会批准成立的中西部第一家民营银行，也是常态化审批后成立的第一家民营银行。

富民银行以"扶微助创、富民兴邦"为企业使命，以"打造中国领先的产业链数字生态银行"为目标，以服务小微企业、服务创新创业、服务金融弱势群体为自己的市场定位，持续聚焦产品创新、金融科技及大数据风控等核心能力建设，数字化普惠金融服务实力不断增强。

富民银行于2016年8月开始正式营业，当年就实现了盈利。得益于吸收存款规模的增长，富民银行资产规模和负债规模在过去三年处于持续增长态势。2019年，富民银行实现净利润2.19亿元，同比增幅高达315.4%。截至2019年年底，该行资产规模451.52亿元，较2018年末的370.20亿元，增长约21.97%；负债总额为418.55亿元，较2018年末的339.47亿元，增长约23.3%。

一、基本情况

富民银行由瀚华金控、宗申集团、福安药业、渝江压铸、海特环保、陶然居和博恩科技等重庆七家民营企业共同发起设立，注册资本30亿元。前三大股东瀚华金控、宗申产业和福安药业的持股比例分别为30%、28%和16%（股东及持股情况见表1）。

目前，富民银行董事会目前共有董事11名，包括股东董事6名，独立董事4名，现任董事长张国祥、行长楚龙春。

表1　富民银行股本结构及股东情况

序号	股东	认缴出资额（万元）	持股比例（%）
1	瀚华金控股份有限公司	90 000	30
2	宗申产业集团有限公司	84 000	28
3	福安药业（集团）股份有限公司	48 000	16
4	重庆渝江压铸有限公司	39 000	13
5	重庆海特环保（集团）有限公司	18 000	6
6	重庆陶然居饮食文化（集团）股份有限公司	12 000	4
7	重庆市博恩科技（集团）有限公司	9 000	3

成立以来，富民银行始终坚持"扶微助创、富民兴邦"的创立使命，探索推进差异化发展道路，积极创新数字化金融业务模式和服务模式，业务规模稳健增长，资产负债结构持续优化，盈利能力不断提高，资产质量保持良好，取得了较好的经营成绩。

（一）资产和负债情况

截至2019年年底，富民银行资产总额451.52亿元，负债总额418.55亿元（见表2）。

在资产端，各项贷款279.55亿元，占总资产的61.91%，比上年提高23.95个百分点；现金及存放央行款项63.9亿元，占14%；存放同业款项4.26亿元，占1%。

各项贷款余额中，中长期和一年及以下贷款的占比约为40%、60%。个人贷款和企业贷款（含贴现）的余额占比分别是80%、20%。

在负债端，存款总额289.63亿元，占负债总额的69.20%；吸收同业存款46.1亿元，占19.33%，比上年下降16.67个百分点；拆入资金6亿元，占1.4%。

目前，富民银行平均贷款利率为8.5%～9.5%，平均存款利率为3.8%～4.8%，净息差约为3%。

表2 2017—2019年富民银行资产负债情况

单位：元

项目	2019年	2018年	2017年
资产			
现金及存放央行款项	6 388 634 719.10	3 700 223 514.37	998 192 475.12
存放同业款项	426 005 282.67	358 909 038.92	5 036 604.88
拆出资金	1 482 000 000.00	4 272 000 000.00	720 000 000.00
买入贩售金融资产	1 515 217 392.39	3 613 201 386.39	555 487 545.75
应收利息	326 205 022.16	193 648 632.35	144 965 766.31
发放贷款及垫款	27 252 549 578.94	13 758 328 997.85	6 969 191 073.61
可供出售金融资产	3 127 396 530.74	5 998 591 907.82	1 191 941 301.13
持有至到期投资	2 649 138 507.52	2 771 290 958.85	897 205 348.52
应收款项类投资	1 281 854 287.66	1 625 485 005.02	6 775 529 565.96
固定资产	41 125 336.89	28 320 885.10	17 822 078.83
无形资产	211 097 887.89	98 631 128.51	19 296 139.96
递延所得税资产	138 254 271.18	39 814 604.83	31 017 617.88
其他资产	312 906 971.85	561 903 088.56	39 946 032.32
资产总计	45 152 385 788.99	37 020 349 148.57	18 365 631 550.27
负债			
向中央银行借款	1 322 917 785.33	877 375 189.20	947 526 913.50
同业及其他金融机构存放款项	3 050 086 327.19	4 861 839 772.26	8 876 205 650.52
拆入资金	600 000 000.00	500 000 000.00	—
卖出回购金融资产款	3 282 857 461.98	6 858 626 089.67	1 175 364 226.66
吸收存款	28 962 941 536.76	20 442 507 498.53	4 119 361 758.47
应付职工薪酬	78 124 376.01	44 029 619.26	20 967 656.00
应交税费	1 157 286 172.92	7 865 235.71	18 133 059.58
应付债券	1 157 286 172.92	—	—
应付利息	811 501 445.05	207 365 522.80	149 612 529.54
其他负债	2 462 853 279.08	146 937 003.77	48 092 515.58
负债合计	41 854 877 880.63	33 946 545 931.20	15 355 264 309.85

数据来源：富民银行2017年、2018年、2019年年报。

（二）营收和利润

2017—2019年，富民银行的营业收入分别为2.70亿元、3.93亿元和10.45亿元，2019年营业收入相较2018年增长166.17%。净利润分别为0.11亿元、0.53亿元和2.19亿元,2019年相较2018年大幅度增长315.38%(见表3、表5)。

在盈利能力方面,富民银行2019年的资产回报率为0.53%,净资产收益率为6.86%,两项指标相比2018年均较大幅度上升(见表4)。

表3 2017—2019年富民银行营收情况

单位:亿元

项目	2019年	2018年	2017年
营业收入	10.45	3.93	2.70
其中:利息净收入	9.84	3.37	2.57
手续费及佣金净收入	0.07	0.15	0.16
净利润	2.19	0.53	0.11

数据来源:富民银行2017年、2018年、2019年年报。

表4 2018—2019年富民银行盈利能力指标

指标	2019年	2018年	2017年
ROA(资产回报率)	0.53%	0.19%	0.08%
ROE(净资产收益率)	6.86%	1.73%	0.36%

数据来源:富民银行2017年、2018年、2019年年报。

2019年,富民银行利息净收入9.84亿元,同比增长191.85%,占营业收入的94.16%;手续费及佣金净收入700万元,同比下降50.48%,占比仅为0.67%(见表3、表5)。

表5 2017—2019年富民银行各项业务增长和占比情况

项目	2019年		2018年		2017年	
	增长率	占比	增长率	占比	增长率	占比
营业收入	166.17%	—	45.68%	—		—
利息净收入	191.85%	94.16%	31.06%	85.75%		95.19%
手续费及佣金净收入	-50.48%	0.67%	38.48%	3.82%		5.93%
净利润	315.38%	—	386.70%	—		—

数据来源:富民银行2017年、2018年、2019年年报。

（三）信贷资产质量和风控制标

根据年报显示，截至2019年年底，富民银行贷款和垫款总额279.55亿元，比2018年末增长98.92%。

2017—2019年，富民银行的不良贷款率分别为0、0.01%和0.47%（见表6）。

表6 2017—2019年富民银行主要风控指标

	年份	2019年	2018年	2017年
信用风险	不良率	0.47%	0.01%	0
	拨备覆盖率	538.69%	—	—
流动性风险	流动性比例	154.04%	76.21%	45.47%
	存贷比	92.47%	68.75	150.79%
资本充足	资本充足率	12.25%	13.43%	19.44%

数据来源：富民银行2017年、2018年、2019年年报。

风险抵补能力。2017—2019年，富民银行的资本充足率为19.44%、13.43%、12.25%，2019年拨备覆盖率为538.69%（见表6），两项指标均高于监管要求，持续保持在稳健水平。

流动性水平。2017—2019年，富民银行的流动性比例分别为：45.47%、76.21%、154.04%（见表6），符合监管要求，总体稳定可控。

（四）客户结构

截至2019年年底，富民银行存款客户超过100万户，支付客户100万户，贷款授信客户1 000万户以上。其中企业客户和个人客户的占比约为20%和80%，企业客户主要分布在批发和零售业、制造业、租赁和商务服务业等行业的小微企业和个体工商户；重庆本地与外地客户的比例为3∶7；企业客户所有制结构以私人控股企业为主，占比超过90%。

二、强化创新驱动，助推普惠金融稳健发展

成立以来，富民银行不断通过自主创新，大力研发和应用金融科技，触达

场景及消费者，推动数字普惠金融服务能力不断提升。

（一）产品创新不断加速，特色差异化竞争能力得到增强

富民银行积极探索新金融业态，加强业务模式创新，拓展业务领域，推动银行业务数字化转型。该行积极围绕支持民营企业、小微企业开展产品创新，已形成较全面的互联网银行产品矩阵和面向场景开放的综合金融服务能力，业务开展渠道较传统银行层次更加丰富。

财富管理产品方面，由单一的"创新存款类产品孵化"转变为多目标并举的"满足全行存款需求、丰富财富产品体系、探索封闭场景长尾客户拓展"。

线上信贷产品创新方面，该行自主设计自主运营的线上信贷产品已经形成富易贷、富民贷、富条三大产品条线，并已不同程度的开始进行试点孵化。

支付类产品创新方面，目前已形成聚付汇、企富通两大产品线，涵盖线上支付、线下收单、资金清结算、记账式服务等类别。截至2019年年底，服务收单客户超过120万户。

该行自主研发申报了金融标准的融合大数据等金融科技手段的"富民极速贴"产品，已成为票据贴现融资的现象级产品，截至2020年5月底，共服务企业约50 000家，其中70%以上为小微企业，贴现总金额超过1 800亿元。

1. "富民极速贴"

为解决小微企业票据贴现慢、贴现贵、贴现难等问题，富民银行运用金融科技手段，重构商业汇票贴现流程，创新服务方式，推出了自主研发服务于中小微客户群的电票贴现产品"富民极速贴"。

"富民极速贴"打破传统贴现流程，完成了业务的全线上操作，客户从注册、询价、贴现全流程约30分钟，后续贴现资金秒级到账，极大地减少了客户融资时间，降低了客户融资成本，满足了客户融资需求。

在2020年年初新冠肺炎疫情期间，该行针对14个疫情严重地区和全国医疗基础保障行业企业客户推出贴票直减18～20BP的优惠活动，并延长服务时间至7×12小时，有效满足众多防疫生产企业的金融需求。帮助疫情严重地区企业复工复产，大幅度降低企业融资成本。2月3日至3月30日，该行"富民极速贴"产品累计服务新增企业客户4 676户，累计向全国5 106家企业提供贴现资

金约269.18亿元。其中，累计向湖北等14个疫情严重地区的3 212家企业提供贴现资金169.87亿元，同时对受疫情影响较重的14个省份企业调低了贴现成本18个BP，减免相关费用425.79万元。

"富民极速贴"是重庆在全国数字金融服务领域的亮点产品，新华社、《金融时报》先后进行了相关报道，央行、银保监会相关领导也对"富民极速贴"给予了很高的评价，已成为重庆金融与科技融合发展，引领全国数字金融创新的典型案例。

同时，富民银行还积极向同业输出产品设计与业务标准，扩大市场影响力，助力多家商业银行成功推出类似产品，以此带动和鼓励各类金融机构加大对小微企业票据融资的投入，让更多银行参与到对小微企业持有的小散票据贴现工作中来，最终达到小微企业票据融资、降本、增效的目的。目前已有工商银行、招商银行、网商银行等多家大型银行、股份制银行、城商行等开通了类极速票据贴现产品，对推动规范票据贴现市场、降低企业融资成本等方面发挥了重要的作用。

2. "富易贷"

"富易贷"是一款融合互联网手段和大数据风控技术，打造出的专门服务小微企业个体工商户的信贷产品。该产品运用金融科技手段，与百行征信、万商联信等合作机构紧密合作，围绕个人经营性业态的经营者，以收付款流水、日常经营行为分析、行业特性、区域特性、交易行为等真实有效的数据为基础，形成相关大数据信贷授信模型，同时结合合作平台的服务场景完成获客、数据授权、信用评估、贷中贷后管理等动作。与传统的小微信贷产品相比，"富易贷"具有智慧化、专业化、动态化的特点。

3. "富条"

"富条"相当于农牧业的花呗、白条，是重庆富民银行依托农信互联的农业生态数据，订制客户准入标准与授信评估模型，为客户提供的一款纯信用的、限定在农信商城使用的线上支付产品，单户最高授信10万元。为了让资金用于支持农牧业生产经营活动，"富条"只针对农牧行业的农户及商户进行授信，同时其额度只能用于在农信商城上购买生产物资。

（二）综合运用多种金融科技，提升金融服务效率

作为一家中小规模的银行，富民银行把金融科技作为可持续发展的核心动力，将"数字化、生态化"作为核心基因，持续推进数字银行服务能力建设，在推进金融与科技融合发展方面，取得了较好的成效。富民银行重视科技投入和吸引科技人才，截至2019年年底，员工总数800人，有计算机或数学背景的技术人员占65%以上，2020年计划研发投入1.8亿元，约占营收的10%以上。

1. 依托金融科技构建开放银行服务平台触达场景，随时随地满足金融需求

富民银行放弃了传统银行线下服务客户的模式，依托科技打造开放银行服务平台，使金融服务触达更多的消费场景和产业场景。该行依托App、小程序、三方平台SDK等多种数字化方式触达客户，将银行的金融服务开到各种各样的APP中，让金融成为一种不受时空局限、触手可及的服务。目前，富民银行开放平台对外输出接口涵盖了用户、账户、支付、信贷、理财等方面，通过开放平台接入App数超过100家，提供金融子服务超过130家。截至2019年年底，手机银行及微信公众号累计注册用户26.63万户，其中2019年新增注册用户15.03万户。

"无接触式"的数字金融服务模式在新冠肺炎疫情期间体现出了明显的优势，由于客户申请、身份验证、授信评审、合同签约、贷款发放、贷后管理均在线上完成，客户与银行工作人员的线下接触降为0，大大提高了金融服务的效率，即使在疫情严控的阶段，也能满足客户的金融需求。

2. 依托金融科技，打造全线上化的存贷汇产品体系

富民银行以全线上化方式开展各类普惠金融产品的设计和研发，初步构建起了服务小微和普惠客群的产品矩阵。同时通过与京东物流、农信互联、收钱吧、新大陆、二维火等各类场景平台的合作，探索通过融入场景的综合金融服务来解决小微企业融资难、融资贵的问题。

3. 依托大数据技术，构建数字银行风控体系

富民银行积极运用人工智能、机器学习等技术和自动化工具，持续推进大数据风控能力建设，具有自主知识产权的"远鉴"智能风控平台初步建成，该平台充分利用了大数据和人工智能等金融科技，打造了涵盖客户准入、反欺

诈、信用评估、风险建模、贷后管理、风险运营、智能催收等环节的全流程、智能化的线上业务风险管理体系，形成了一系列风险管理基础设施和工具集，全面支撑富民银行业务的健康有序发展，目前线上业务自动化审批率达99%以上。

4. 开放共享，积极合作，构建金融同业生态圈

富民银行先后与蚂蚁金服、百度、小米等互联网头部平台开展合作，积极构建金融生态圈，充分整合科技、金融、资本服务，打造全生命周期、全方位的服务能力。

2019年，富民银行还实现了360、借条等项目的出表工作，成功打通资产出表通道。此外，该行还深入探索联合贷款模式，成功对接了28家银行机构，首单业务已于2019年上线。

5. 深化金融标准创新，加速地区数字生态构建

富民银行高度重视金融标准化工作，积极参与金融标准创新试点，希望通过系列企业级金融标准打造，规范和促进金融产品业务创新，保障数字化生态银行战略快速高效落地，推动全行业务高质量发展。在监管部门的指导下，结合该行业务产品创新实践，富民银行研制了《小微个体工商户信用评价指南》《数字化银行成熟度评价规范》《票据极速贴现服务规范》《网上银行服务质量规范》四个企业级金融标准。

三、牢筑风险管理防火墙，不断提升自主风控能力

富民银行始终坚持将风险管理作为立行之本，全面风险管理体系建设扎实推进。一是优化风控组织架构，对风险管理条线进行扁平化设计。二是通过建立资产出表机制、RAROC机制等措施优化信贷资产配置结构，有效提升盈利水平。三是持续优化风险计量监测工作机制，持续丰富各类风险监测指标，优化风险计量工具，定量评估为主、定性评估为辅，稳步提升信用风险、流动性风险、市场风险、声誉风险、操作风险、信息科技风险、洗钱风险等各类风险的计量水平，不断提升风险管理精细化水平，及时、准确、全面监控风险状态。四是结合宏观经济发展态势，科学制定风险管理策略、偏好及限额，为本行业务审慎发展提供引领作用。五是健全风险政策体系，建立健全各种风

管理制度。

除了自主打造基于大数据的F.A.R"远鉴"智能风控平台，富民银行还与数十家领先的金融科技企业一道成立了智能风控联盟，通过联盟的形式，搭建伙伴型数字风控新生态，探索中小银行和金融科技企业合作的新范式，提供中小银行综合解决方案。

四、疫情期间积极扶持小微企业，履行社会责任

富民银行积极响应中央和地方政府抗击疫情的部署，采取了多种措施扶持受影响的小微企业。一是有效地利用了中央银行的7亿元专项再贷款，向小微商户提供低于融资成本的无抵押贷款。二是迅速出台了一系列支持小微企业以及企业复工复产的信贷政策，开拓了一些绿色通道，对中小企业采取了一系列的延期还款、贷款展期、无还本续贷、减免和降低利率等方式，有力地支持了小微企业在疫情期间的存在的一些困难。截至2020年8月末，富民银行共计为16.7万户因疫情受困客户提供了金融帮扶服务，涉及新增、续贷授信总额15.7亿元；涉及延期还款1.28万户，金额7 309万元，涉及利息减免、利率优惠总额619万元。三是降低对小微客户的贴现的收费，通过"富民极速贴"产品有力地对小微企业融资提供了支持。四是与同业开展了银银合作，与网商银行合作推出了纯信用的、无需抵押的、无接触的优惠贷款，支持4万多家小微企业客户，享受到利息减免优惠的贷款共超过了1.5亿元。

（本案例由大成企业研究院徐鹏飞根据公开材料及富民银行在调研中提供的材料撰写。）

做普惠金融的万能连接器
——四川新网银行

2016年12月28日开业的四川新网银行，是全国第三家互联网银行。新网银行把支持实体经济、发展普惠金融作为自身使命，结合地方产业特点和股东的资源优势，坚守"普惠金融补位者"的市场定位和"技术立行"的发展战略，致力于成为普惠金融的践行者、长尾市场的服务者、大中型主流银行的补位者，专注于服务长尾客群，与主流银行进行错位竞争，实现差异化发展。新网银行实施平台化经营战略，采用开放端口、连接互联网场景的数字化运营模式，力图成为金融服务领域的"万能连接器"。截至2019年年底，新网银行总资产441.5亿元人民币、营业收入26.8亿元人民币、净利润11.3亿元人民币；累计服务客户超3 100万户，发放贷款约3 800亿元，近80%的客户来自三、四线城市和农村地区[①]。

成立以来，新网银行成长迅速，以流量为切入口，逐渐覆盖大面积互联网金融业；经营业绩逐年攀升，资产规模不断扩大。2017—2019年，新网银行的总资产年均增长65%，总负债年均增长72%，发放贷款和垫款金额年均增长81%，吸收一般存款量年均增长177%，利息净收入年均增长154%，手续费及佣金净收入年均增长21%（见图1）。

一、基本情况

（一）股东情况

新网银行注册资本30亿元，由新希望集团牵头发起成立，截至2019年年

---

① 资料来源：新网银行2019年年报。

底，共有八名股东，分别是：新希望集团（30%）、银米科技（29.5%）、红旗连锁（15%）、成都启阳远航汽车（7.5%）、成都建国汽车（6%）、巨洋企业管理（6%）、南充嘉美印染（3%）、四川雄川贸易（3%）。[①] 高层管理人员方面，王航任董事长，江海兼任副董事长和行长。

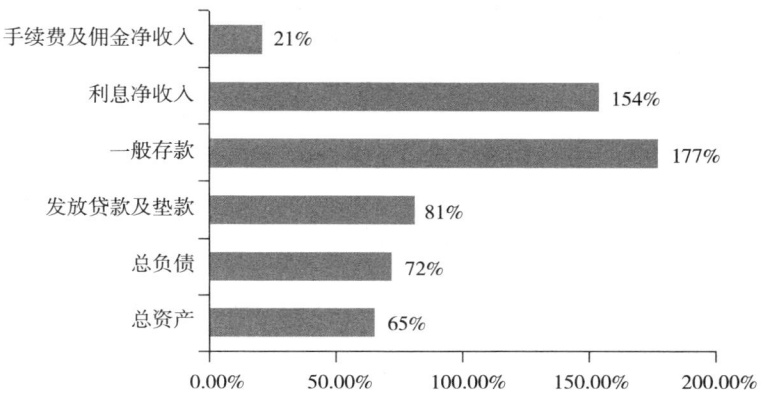

图1　2017—2019年新网银行各项经营业绩成长情况

（二）资产和负债规模

成立以来，新网银行资产和负债规模持续扩张，放贷量增长较快，吸收公众存款量大幅增长，资产负债结构不断优化。2017—2019年，新网银行总资产由163.2亿元增至441.5亿元，增长了1.7倍；总负债由135.2亿元增至398.5亿元，增长了1.95倍；发放贷款及垫款额由98.6亿元增至323.9亿元，增长了2.28倍；吸收一般存款规模由34.9亿元增至267.2亿元，增长了6.66倍（见表1）。

2019年，新网银行吸收一般存款占负债比例首次超过同业存款；一般存款267.2亿元，净增130.9亿元，占67.1%；同业存款104亿元，仅占26.2%。这反映出三年来，新网银行的公众认可度有了较大提高，融资渠道更为多元化（见图2）。

新网银行的存款主要来自吸收的对公企事业单位存款和账户业务的沉淀存款。

---

① 资料来源：新网银行2019年年报。

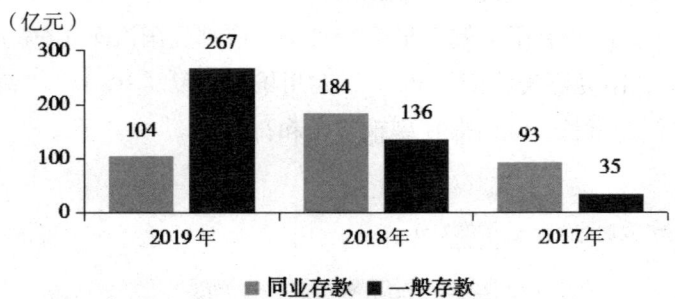

图2　2017—2019年新网银行存款来源情况

数据来源：新网银行2017年、2018年、2019年年报。

表1　2017—2019年新网银行资产负债情况

单位：元

项目	2019年	2018年	2017年
现金及存放中央银行款项	5 964 681 129	4 914 367 703	953 017 913
存放同业款项	375 024 257	307 896 067	354 392 459
应收利息	276 620 878	202 627 385	56 463 874
发放贷款和垫款	32 388 128 560	25 020 177 179	9 864 919 377
可供出售金融资产	—	—	540 711 578
持有至到期投资	3 003 392 156	1 499 466 400	—
应收账款类投资	853 976 029	3 002 554 659	3 845 716 549
固定资产	51 222 000	38 769 631	38 666 431
无形资产	117 550 003	122 910 169	68 554 194
递延所得税资产	129 910 018	81 801 797	64 983 965
其他资产	992 713 094	966 813 036	533 007 269
资产总计	44 153 218 124	36 157 384 026	16 320 433 609
同业及其他机构存款	10 429 740 982	18 420 242 275	9 343 479 935
吸收存款	26 723 822 829	13 638 083 490	3 489 121 074
拆入资金	200 000 000	—	—
应付薪酬	315 034 971	145 233 557	64 824 700
应交税费	132 538 183	125 287 247	11 368 315

续表

项目	2019年	2018年	2017年
应付利息	274 080 120	282 103 189	94 902 545
其他负债	1 773 211 442	374 825 254	512 976 125
负债合计	39 848 428 527	32 985 775 012	13 516 672 694

数据来源：新网银行2017年、2018年、2019年年报。

（三）营收和利润

2017—2019年，新网银行的营业收入增长了6.48倍，由3.59亿元增至26.8亿元；净利润由亏损1.7亿元增至盈利11.3亿元，在三年内完成由亏损到盈利的转变（见表2）。

在盈利能力方面，新网银行2019年的资产回报率为2.82%，净资产收益率为26.32%，两项指标均为行业优秀水平（见表3）。

表2 2017—2019年新网银行营收情况

单位：元

项目	2019年	2018年	2017年
营业收入	2 680 661 988	1 335 038 707	358 555 041
利息净收入	2 018 212 329	1 105 990 941	313 189 249
手续费及佣金净收入	620 461 253	196 741 842	27 681 114
净利润	1 133 180 583	368 381 783	-169 325 779

数据来源：新网银行2017年、2018年、2019年年报。

表3 2018—2019年新网银行盈利能力指标

指标	2019年	2018年
ROA（资产回报率）	2.82%	1.40%
ROE（净资产收益率）	26.32%	11.61%

注：ROA来源于新网银行2019年年报，ROE为大成课题组依据年报数据计算。

截至2019年年末，新网银行各项业务发展迅速，业绩表现突出，尤其是中间业务占比较往年大幅度提升。全年营业收入26.8亿元，增长100.8%，净增13.5亿元；净利润11.3亿元，增长207.6%，净增7.65亿元。其中，利息净收入

20.2亿元,增长82.5%,占营业收入的75.3%;手续费及佣金净收入6.2亿元,大涨215.4%,占比由2018年的14.7%扩大到23.1%(见表2、表4)。

表4　2017—2019年新网银行各项业务增长和占比情况

项目	2019年		2018年		2017年
	增长率	占比	增长率	占比	占比
营业收入	100.8%	100.0%	272.3%	100.0%	100.0%
利息净收入	82.5%	75.3%	253.1%	82.8%	87.3%
手续费及佣金净收入	215.4%	23.1%	610.7%	14.7%	7.7%
净利润	207.6%	—	—	—	—

数据来源:新网银行2017年、2018年、2019年年报。

(四)信贷资产质量和风控指标

2017—2019年,新网银行的不良贷款率分别为0.11%、0.39%、0.60%,(见表5)远低于该年全国商业银行不良贷款率1.86%。[①] 截至2019年年底,新网银行发放贷款及垫款323.9亿元,占总资产的73.4%,增长29.4%。

新网银行的信贷资产较为优质,主要归因于其科学有效的风险防控体系。依托自主研发的反欺诈系统、信用风险决策模型和大数据挖掘体系,新网银行不断完善风险定价模型[②],不断强化信贷资产全生命周期管理[③],能精确分析和防范来自客户的信用风险。

表5　2017—2019年新网银行主要风控指标

	年份	2019年	2018年	2017年
信用风险	不良率	0.60%	0.39%	0.11%
	拨备覆盖率	525.24%	693.03%	2390.35%
流动性风险	流动性比例	49.63%	75.50%	64.79%
	存贷比	125.15%	188.56%	290.46%
资本充足	资本充足率	15.20%	12.62%	19.48%

数据来源:新网银行2017—2019年年报。

---

① 工商银行.2019年末商业银行不良贷款率1.86%[N].2020-02-18.
② 资料来源:新网银行2018年年报。
③ 资料来源:新网银行2019年年报。

风险抵补能力，2017—2019年，新网银行的拨备覆盖率为2 390%、693%、525%；资本充足率为19.5%、12.6%、15.2%（见表5），两项指标均符合监管要求，反映出较强的抵御风险能力。其中，新网银行的拨备覆盖率远高于行业平均水平，能够充分消化坏账，应对资产减值风险。在资金准备方面，2018年该行的资本充足率较低，仅为12.6%，2019年回升至19.5%，目前资金较为充裕。

流动性水平，新网银行在2019年、2018年、2017年三年的流动性比例分别为：49.63%、75.5%、64.79%（见表5），2019年该行的流动性比例略低于行业平均水平55.31%[①]，但仍符合监管要求。

二、创新、特色的平台化经营战略

新网银行以技术为驱动，注重金融科技创新；以纯线上、纯C端、自动化经营为主要特征[②]，并注重与各大银行金融机构，以及互联网平台公司开展合作，充分发挥作为金融"万能连接器"的优势和特点；流量优势和作为零售金融业务服务商的科技优势是新网银行两大核心竞争力。

新网银行目前主要涉及三大块业务：零售贷款、供应链金融业务、针对小微企业和三农的经营性贷款业务。其中，面向个人客户的线上零售贷款业务是新网银行的主营业务。目前新网银行的数字信贷业务采用全在线操作、全实时审批、全客群开放，有效地解决了普惠金融业务的风险识别难、作业成本高的难题，大大提高了该行普惠信贷的可得性、客群覆盖的广泛性。

截至2019年年底，新网银行普惠信贷业务累计放款超1.1亿笔，累计放贷额突破4 000亿元，笔均贷款额在4 000元左右，最小额度200元，最大授信额度100万元，单笔提款额最高30万元。在客户结构方面，新网银行主要覆盖草根创新创业者、蓝领客户、小微客户、个体工商户以及大量农村客户，这些是主流金融机构难以覆盖的人群。贷款额度在10万元以下的客群占95%以上，户均余额不到5 000元，资产存续时间79天左右。新网银行的客户总数达到3 000

---

① 新浪财经.银保监会：2018年四季度末商业银行流动性比例55.31%[N].2019-02-25.
② 中国新闻网.四川首家民营银行正式创立 定位互联网银行[EB/OL].http://www.chinanews.com/fortune/2016/12-27/8106157.shtml,2016-12-27.

万,其中个人客户超过99%,企业客户不到1%。80%的客户来自三、四、五线城市。企业主体客户接近2万家,以中小型民营企业、个体户为主,事业单位和国有企业客户较少;企业客户所处行业以IT、金融租赁和服务业为主;四川省内客户占比10%,省外客户占比90%。

(一)流量变现、场景转化助力零售信贷业务蓬勃发展

新网银行零售信贷产品包括信用贷款"好人贷"和抵押贷款车贷等,平均年化利率为12%。

"好人贷"产品通过信息技术系统自动完成授信,在微信平台上进行申请和快速放款。新网银行以渠道为突破口,通过与互联网平台合作引流,拓宽了"好人贷"的客户群,实现流量变现。2017年,新网银行及其他几家商业银行与支付宝合作开展贷款合作,支付宝负责引流、反欺诈和催收,新网银行负责风控并进行联合放贷[1]。2018年,新网银行成为滴滴出行面向乘客的信贷业务"滴水贷"的资金出具方与唯一风控审核主体[2],以及今日头条App"放心借"信贷产品的实际放款方之一[3]。此外,"好人贷"还入驻了喜马拉雅App平台金融服务入口[4]和银联云闪付App的信贷理财板块[5],流量不断扩大。

新网银行的车贷业务采取抵押贷款的形式,占贷款业务的20%左右。新网银行与瓜子二手车、优信、人人车等车辆交易平台合作,通过这些平台特定场景中的车商以及线下网点的人员,找到潜在的车辆交易机会,在线下收集车辆和借款人的相关信息,在线进行信贷决策和放款。

---

① 蔚蓝财经.借呗走向开放!与多家机构展开联合放贷,微粒贷还能稳坐江山吗?[EB/OL].http://www.bugutime.com/news/5811.html,2017-08-18.

② 网贷之家.滴滴"跨界"联手新网银行 进军乘客端消费信贷[EB/OL].https://www.wdzj.com/news/hydongtai/2320998.html,2018-04-23.

③ 康波财经.放心借是什么?放心借介绍[EB/OL].https://jin.baidu.com/article/3554682.html,2019-06-14.

④ 新浪财经.喜马拉雅上线金融产品:申请万达普惠、新网银行贷款送会员[EB/OL].http://finance.sina.com.cn/stock/relnews/hk/2019-12-27/doc-iihnzhfz8751198.shtml,2019-12-27.

⑤ 搜狐网.再添国民流量入口 新网银行入驻银联云闪付[EB/OL].https://www.sohu.com/a/317290753_293225,2019-05-29.

（二）积极布局小微企业金融业务

在小微企业经营性贷款业务方面，新网银行目前面向小微企业和"三农"的信贷业务占比较小。在2020年的新冠疫情下，新网银行推出了"新网向蓉"计划，划拨20亿元信贷额度，为四川省内的小微企业主、个体工商户、创客等小微客户提供复工复产专项信贷支持[①]。截至2019年年末，新网银行的普惠型小微贷款余额为7.01亿元[②]，较年初增加89%，累计服务小微客户6.5万户。小微客户贷款年化利率在7%~10%左右。

开展"创客贷""好事贷"等经营性贷款。创客贷于2017年落地，是新网银行与地方政府支持双创而推出的合作业务，通过与成都高新区等地方政府合作，该行可将园区内的创业企业纳入白名单，开放授信申请。

在供应链金融领域，新网银行的供应链金融业务不同于传统的供应链围绕核心企业对其上下游企业开展对公贷款的做法，而是服务于供应链下游与核心企业存在服务购销关系的个体商户和微型企业，单笔贷款规模相对较小，从几万、十几万到几十万不等。在风控方面，侧重于监测真实的贸易背景和实际控制人，通过分析小微企业主的个人信用特征来进行授信和放贷的判断。例如在2019年，新网银行与农业供应链金服机构"农金圈"签约合作，向"农金圈""三农"产业链上的小微经营主体提供线上贷款。新网银行计划提供成体系的供应链金融服务，该行与小米金融、金山云联合打造的供应链系统金融联盟链已在初步试运行，帮助了一家旅游平台上线并对其下游的旅行社开展小微贷款业务。

（三）打通平台及银行金融机构，拓宽业务合作纵深

新网银行有这样的一个策略：即专注在某一方面打造突出的核心竞争力或具备一些更有特色的能力，能够解决一些金融服务中的痛点，比如具备高效敏捷的信息科技能力，基于大数据、人工智能、机器学习技术建立的高效精准的风控体系等，以自身优势与大型银行、平台机构形成互补的合作，从而在我国

---

① 潇湘晨报.144项专利申请、20亿专项小微战疫贷款、最高额度100万——新网银行：以数字信贷为"经济末梢"筑起缓冲防线[EB/OL].http://k.sina.com.cn/article_1655444627_62ac149302001943a.html?from=local,2020-05-24.

② 搜狐网.新网银行2019年净赚10亿：资产规模破千亿，不良率上升至0.61%[EB/OL].https://www.sohu.com/a/383266898_632083,2020-03-26.

银行业激烈竞争的生态环境中找到生存的空间。

在与互联网平台的合作方面，新网银行已经和中国大部分的主流流量平台形成了业务合作关系，通过合作实现了快速获客。新网银行前后接洽超百家平台，但由于流量集中在头部平台，新网银行的合作主体主要是头部的平台。在前端（资产端、客户端），新网银行与所有的流量场景都进行合作，包括腾讯、阿里、滴滴、中国移动、携程、美团等。值得注意的是，目前新网银行与互联网平台合作引流的成本较高，市场行情价格是贷款利息收入的10%~30%。

在与银行金融机构合作方面，新网银行与金融机构的合作形式多样，包括与其他银行合作开展联合贷款、转贷款等业务。一是基于金融机构授信的资金业务，例如同业拆借、同业存款等，与新网银行建立这类合作的金融机构在150家左右；二是个人零售信贷业务联合贷款，合作机构数量在50家左右，新网银行是众多银行优质零售信贷资产的创设者、管理者和服务者，联合贷款是新网银行平台化战略的重要组成部分，通过与同业优势互补的深度合作，新网银行提供获客，输出风控能力，与合作银行在风控技术、客户基础等方面实现相互嫁接，加速业务发展；三是与国有银行合作开展转贷款业务，2020年新网银行与中国进出口银行四川省分行开展转贷款合作，首笔3亿元"保就业"主题小微企业银行转贷款资金已完成发放，在西部地区首次实现了政策性银行与互联网银行在小微贷款领域的合作，《哪吒》配音团队通过手机申请即拿到了100万元授信[1]。此外，新网银行还积极探索与国开行、工商银行、邮储银行等金融同业机构共同服务小微群体，计划与国开行合作，新网银行负责小微客户审核，提供数据化审核的流程及系统辅助，国开行可按照风险偏好发放贷款[2]。

（四）特色产品

（1）"好人贷"

"好人贷"是新网银行于2017年上线的个人信贷产品，也是该银行的核心业务之一。"好人贷"在微信官方公众号设有进入端口，个人用户可在登陆微

---

[1] 人民网.进出口银行四川省分行携手新网银行发放首笔"保就业"主题转贷款[EB/OL].http://finance.sina.com.cn/roll/2020-05-28/doc-iirczymk4057149.shtml,2020-05-28.

[2] 四川在线.四川首家互联网银行：新网银行2019年净利润翻两番，升级"开放银行"联合助小微[EB/OL].https://sichuan.scol.com.cn/amsc/202003/57769555.html,2020-03-27.

信后，通过身份证核验、人脸识别，并填报工作情况等信息，申请贷款；三分钟内即可完成审批，最高可贷50万，随借随还，日利息最低为万分之三[①]。截至2018年10月末，"好人贷"笔均贷款金额3 300元，平均借款周期75天。[②]

（2）"创客贷"

"创客贷"是新网银行在2017年推出的全国首款"互联网+科创"纯信用贷款产品，面向合作政府辖区内的小微企业主和个体工商户等，具有门槛低、费用低、操作灵活、使用方便等特点。[③] "创客贷"目前覆盖范围在四川省内。

（3）"e商助梦贷"

"e商助梦贷"是新网银行与工商银行在2020年推出的联合放款产品，面向工行收单商户，以产品创新、互补合作、精准滴灌的新模式服务小微商户、"地摊经济"，有效缓解小微客户融资难融资贵的问题。此项合作全面落实监管部门对于小微金融服务"增量扩面、提质降本"的要求，客户可在线申请，纯信用、无抵押、无担保，实时放款，最高额度30万元。[④]

三、连接场景、联合机构打造万能连接器

新网银行注重金融机构间交流协作，也积极向民生领域的互联网平台开放合作，新网银行获得流量，合作伙伴获得技术赋能，双方实现互助共赢。通过向合作机构开放应用程序编程（API）接口，新网银行能够封装整合多类型金融功能模块，将账户、支付、风控等业务能力组件化输出给合作伙伴，充分发挥其作为金融服务领域"万能连接器"的重要作用。截至2019年8月，新网银行共开放了300余个API接口，在购车、教育、交通出行、电商购物等平台接入

[①] 数据来源：新网银行官方网站。

[②] 新浪财经.新网银行2018财务数据曝光：营收13.35亿 净利3.68亿[EB/OL].http://finance.sina.com.cn/money/bank/gsdt/2019-03-27/doc-ihtxyzsm0845545.shtml,2019-03-27.

[③] 封面新闻.小微贷款不用跑银行 新网银行"创客贷"全面升级[EB/OL].https://baijiahao.baidu.com/s?id=1635038784706569197&wfr=spider&for=pc,2019-05-31.

[④] 中国电子银行网.新网银行与工商银行上线个人信用贷产品：双方联合放款，面向工行小微收单商户，最高额度30万[EB/OL].https://www.cebnet.com.cn/20200527/102664311.html,2020-05-27.

了消费信贷、支付结算等业务[①]，获得了较大的渠道优势和流量效益。同时，新网银行积极与大型商业银行合作开展贷款业务，新网银行发挥技术和服务优势，大型商业银行发挥资金和客户优势，共同发力普惠金融。

四、履行企业社会责任，助力抗击新冠疫情

2020年新冠肺炎疫情期间，新网银行与进出口银行签订了3亿元的转贷款，用于支持小微企业；累计安排专项信贷资金30亿元，为满足抗疫战疫的金融需求做了充足的资金准备。

从2020年1月20号到5月底，新网银行累计向小微企业投放信贷资金11.5亿元。同时，对受疫情影响的小微企业及员工、一线医务人员、及能够出具收入来源受影响、失业、企业经营困难证明的用户，提供延期还本付息、贷款利息减免的优惠措施；对于2020年3、4月份申请利息减免的用户，也对他们采取欠息减免、征信豁免和补救等举措。

五、风险防控

新网银行具备健全的风险防控体系，能够运用大数据、云计算、人脸识别、深度学习等技术，进行用户画像；还建立了包括信用评分模型、履约能力指数模型、恶意透支指数模型、消费倾向模型、资金需求指数模型、个人稳定性指数模型、社交活跃度模型、网络使用倾向模型、游戏沉迷指数模型九大模型；以及个人信息分析系统——从身份、关系、职业、资产、黑名单、操守、意愿、教育等维度对借款人进行还款能力与意愿判定。新网银行还运用机器学习原理，构造风险量化工具，建立贷后监控机制，有效防控来自客户的信用风险和欺诈风险。

在防范信贷客户风险的同时，新网银行亦持续加强内部风控，基于信息科技技术和较为先进的风控理念，对自身的流动性风险、市场风险和操作风险配备了较为完备的防范措施。

[①] 和讯网.新网银行开放的秘密 300多个API接口链接最强朋友圈[EB/OL].https://news.hexun.com/2019-08-28/198367828.html,2019-08-28.

（一）防控客户的潜在风险

在防范信用风险方面，新网银行依托自身的信用风险决策模型和大数据挖掘体系，实现了在线化、自动化、批量化交易处理。新网银行的引擎系统能进行复杂的算术和逻辑运算，支持数千条规则的部署，能将多种决策流程，与数据、模型及其他工具有效整合，在实现快速审批和决策的同时控制信用风险[①]。成立以来，新网银行不断完善信用风险管理体系，优化各业务风险管理模型及策略，强化对信用资产全生命周期的管理，加强贷后管理，推进不良资产处置，完善信用风险问责机制，实现了信用风险的全周期闭环管理。[②]

在防范欺诈风险方面，新网银行采用反欺诈系统、风险计量模型和实时决策引擎"三位一体"的风险防控体系。新网银行的反欺诈系统是一套集数据、策略、算法、系统和人工审核一体的防控体系，整合了设备指纹、生物探针、关联网络等反欺诈生态功能，能有效防控诸如恶意撞库、批量登陆、资料伪造等各类欺诈行为。

（二）内部风险防控

在防范流动性风险方面，新网银行通过测算短、中长期资金缺口来控制流动性风险，以定制化线下短期同业投资手段为短期流动性调节工具，确保流动性资产适度。新网银行注重各清算账户日间资金调拨与监测，按季开展压力测试和流动性应急演练，对压力情况下可能面临的流动性风险进行预测；还通过设置流动性管理模块，实现资金计划线上报送，提高资金资产的匹配精确度。此外，新网银行还采取持续增加优质流动性债券配置、推进管理信息系统建设[③]等措施，不断提高流动性风险防控水平。

在防范市场风险方面，新网银行根据资产负债结构实现对净利息收入变动、经济价值变动的前瞻性分析，对银行账簿利率风险实行精细化管理，建立了与业务规模、性质和复杂程度相适应的市场风险管理体系；不断完善市场风险管理政策和制度，严格按照监管定性要求及标准化计量框架建立银行账簿利

---

① 数据来源：新网银行2017年年报。
② 数据来源：新网银行2019年年报。
③ 数据来源：新网银行2017年、2019年年报。

率风险管理体系、信息系统及计量模型。①

在预防操作风险方面,新网银行建立了以"自动化、数字化、可视化"为主要特点的信息科技风险监测体系,以IT监控能力为基础,构建了嵌入流程并能自动触发的常态化风险评估机制,能在每个操作的高风险节点进行监控预警和管控。新网银行的业务管理流程人工干预程度较低,大部分由信息系统自动完成,人工操作风险较低②。

六、科技手段

作为领先的互联网银行,新网银行自成立以来持续投入金融科技专利技术研发,成为全国第二家获得国家高新技术企业认定的银行,及全国第三家获得全线上信贷业务备案许可的银行。在"2019年全球银行发明专利排行榜"中,新网银行以累计申请专利139项、软件著作权37项的成绩位列第11位③,较2018年上升了4位。

新网银行具备高效敏捷的信息科技能力,以及基于大数据、人工智能、机器学习技术建立的高效精准的风控体系。该行是国内首家把机器学习技术运用全流程的银行机构,具有全实时服务客户的能力。通过机器学习、人工智能等技术,新网银行实现了99.6%的线上贷款申请由机器自动化、批量化审批,0.4%的大额信贷和可疑交易由人工干预的作业方式;每笔贷款成本为20元,批核时间平均42秒,最快7秒,单笔借款金额最低500元④。

七、人才战略

作为一家科技银行,新网银行全行正式员工500人(另有外包支持员工近1 000人),其中IT工程师和数据科学家占比超过70%,包括四川省千人计

---

① 数据来源:新网银行2018年、2019年年报。
② 数据来源:新网银行2018年、2019年年报。
③ 今日头条.2019年全球银行发明专利排行榜(TOP100)[EB/OL].https://www.toutiao.com/i6818748753944510988/,2020-04-23.
④ 金融时报-中国金融新闻网.新网银行"成绩单"启示了什么[EB/OL].https://www.financialnews.com.cn/ncjr/nsh/201901/t20190124_153576.html,2019-01-24.

划、万人计划、软件人才计划的专家30余位；硕士及以上学历的员工占比超过55%。

在人才的吸引机制方面，新网银行在筹建初期就希望引入员工股权激励，目前仍需待监管部门政策许可。在薪酬激励方面，新网银行采用类似互联网企业的薪酬和框架设计，薪酬待遇根据不同的岗位，较省内其他法人银行机构高出25%~75%。

新网银行定位为持有银行牌照的零售金融服务商，长远发展目标是成为一家"专而精""小而美"的新型银行，希望基于自身的金融科技、体制机制能力和优势，与众多银行机构开展以技术为纽带的联合贷款合作，提供零售金融转型方面支撑。未来，新网银行会继续将主营业务聚焦在零售信贷领域，争取逐步成为中国银行金融机构零售金融转型的首选合作伙伴和服务商，同时也将积极探索小微企业信贷、票据、供应链金融等业务，不断打造新的局部优势，增强市场竞争力。

（本案例由大成企业研究院葛佳意根据公开材料及新网银行在调研中提供的材料撰写。）

致力于打造最具特色的互联网交易银行
——武汉众邦银行

武汉众邦银行（以下简称"众邦银行"）于2017年5月18日正式开业，是湖北省首家民营银行。众邦银行秉承"专注产业生态圈，帮扶小微企业、助力大众创业"的使命，利用新一代信息技术，着力打造三个银行，即"打通交易与场景的互联网交易银行，致力于产融深度融合的供应链金融银行，数字化驱动科技赋能的开放型数字银行"。众邦银行将传统银行难以深入应用场景的供应链金融作为重点突破的战略业务方向，为产业链的上下游小微企业及个人客户，提供账户、支付、信贷、财富管理等一站式金融服务。

一、基本情况[1][2]

众邦银行由卓尔控股、当代集团、壹网通科技、钰龙集团、奥山投资、法斯克能源等6家企业联合发起设立。众邦银行初始注册资本20亿元，于2020年1月16日完成增资扩股，注册资本达到40亿元。成为继微众银行、网商银行之后，全国第三家获准"增资扩股"的民营银行，增资后注册资本跻身民营银行前五。

目前众邦银行的六个股东均为民营企业，卓尔控股有限公司占股30%，为第一大股东（见表1）。该行现任董事长晏东顺、党委书记阎志、行长程峰。

---

[1] 武汉众邦银行. 2019年年报.
[2] 武汉众邦银行. 2018年年报.

表1 众邦银行股本结构及股东情况

序号	股东名称	认购股份	占比
1	卓尔控股有限公司	12亿股	30%
2	武汉当代科技产业集团股份有限公司	8亿股	20%
3	壹网通科技（武汉）有限公司	8亿股	20%
4	武汉法斯克能源科技有限公司	4亿股	10%
5	钰龙集团有限公司	4亿股	10%
6	奥山投资有限公司	4亿股	10%
	合计	40亿股	100%

注：数据源自众邦银行调研访谈资料。

（一）资产和负债结构

截至2019年年底，众邦银行资产总额418.77亿元，同比增长43%；其中各项贷款余额近184.91亿元，较年初增长117.75%。负债总额396.30亿元，同比增长46%；其中存款余额301.25亿元，占比76%，同比增长57.31%（见表2）。

表2 2018—2019年众邦银行资产及负债情况

单位：千元

项目	2019年	2018年
资产总额	41 877 382	29 304 716
发放贷款和垫款余额	18 491 481	8 492 192
减：贷款损失准备	462 398	171 319
发放贷款和垫款净值	18 052 083	8 320 873
负债总额	39 630 025	27 212 877
客户存款	30 125 361	19 149 932
股东权益总额	2 247 357	2 091 839

注：数据源自众邦银行官网。

2020年上半年，众邦银行资产负债规模大幅提升，截至2020年6月末，众邦银行总资产达到619亿元。从资产端来看，各项贷款余额261亿元，从负债端来看，各项存款余额为403亿元。

（二）营收情况和经营指标

2019年度，众邦银行的营业收入为8.38亿元，同比增长65%；净利润为1.56亿元，同比增长108%；净资产收益率为6.94%，相比2018年上升了3.35个百分点；平均资产回报率为0.44%（见表3）。

表3 2018—2019年众邦银行营收情况和经营指标

项目	2019年	2018年
营业收入（千元）	837 636	507 184
业务及管理费（千元）	317 620	230 271
资产减值损失（千元）	309 324	173 750
营业利润（千元）	203 699	100 408
利润总额（千元）	203 319	101 048
净利润（千元）	156 392	75 390
经营活动产生的现金流量净额（千元）	2 222 159	8 726 291
平均净资产收益率ROE（%）	6.94	3.59
平均资产回报率ROA（%）	0.44	0.34

注：ROE、ROA数据为大成课题组根据众邦银行年报数据计算。

（三）资产质量和财务指标

截至2019年年底，众邦银行的净息差为3.21%，净利差为2.96%，成本收入比为37.99%，资本充足率为10.53%，不良贷款率为0.49%，拨备覆盖率为511.50%，整体资产质量情况较好，满足监管要求（见表4）。

表4 2018—2019年众邦银行主要财务指标

盈利能力指标	2019年	2018年
净利差	2.96%	2.03%
净息差	3.21%	2.37%
成本收入比	37.99%	45.40%
资本充足指标		
资本充足率	10.53%	12.08%
核心一级资本充足率	9.36%	11.17%
资产质量指标		
不良贷款率	0.49%	0
拨备覆盖率	511.50%	∞

注：数据源自众邦银行官网。

（四）客户结构

众邦银行依托其6家股东企业的资源优势和交易平台，快速实现客户转换与场景接入。卓尔控股有限公司（众邦银行第一控股股东）旗下的卓尔智联是全国最大的B2B管理平台，众邦银行为该平台上的中小微企业提供综合性金融服务。通过与卓钢链、华棉网、化塑汇、中农网等34家平台合作搭建垂直化的产业供应链管理平台，同时与100+家互联网头部平台建立全方位生态场景合作，与超过1 000家金融机构开展资金合作。

众邦银行前期的负债业务主要依赖线上运营和同业存款。个人存款主要通过创设智能存款系列产品，并不断开发用户体验的系列产品。后期该行负债业务将由单一产品的输出模式向结合场景的嵌入模式转变，拓展场景性的低成本负债业务。

众邦银行的客户主要分为两类：一类是小微企业（按工信部划分标准），另一类是个体工商户。依托该行自有的数智金融服务平台——众赢通平台，通过核心企业、交易平台、金融同业来获客。截至2020年6月末，众邦银行客户数达到1 609万户。小微企业类贷款余额超过150亿元，占比接近60%；个体工商户类贷款余额超过100亿，占比接近40%。

二、金融科技构建新型供应链金融生态

科技赋能是众邦银行在供应链金融道路上发展的核心动力。开业之初，众邦银行即建立了"传统核心+互联网核心"的双核心系统，搭建适用于互联网业务的底层数据驱动系统，快速完成核心、财务、信贷三大基础系统自建，以存、贷、汇全功能开业，成为民营银行中唯一一家开业即盈利的银行。

2019年，累计申报14项发明专利，取得21项软件著作权，获国家科技部火炬中心高新技术企业认定，获武汉市"科技小巨人企业"称号，成为湖北首家获奖金融机构。在"2019全球银行发明专利排行榜Top100"中排名第28位。成立三年以来，该行在金融科技领域的投入为2亿元左右，目前已建设100多个系统和平台，全方位支持业务的快速发展。

（一）金融科技凸显核心竞争力

众邦银行之所以能在定位供应链金融的民营银行中占据一席之地，主要得益于该行在建行之初就将金融科技作为业务发展的发动机。其金融科技能力主要体现在以下三个方面：全流程数智化能力建设、POWER IT能力体系和众赢通平台搭建。

1. 全流程"数智化"能力建设

众邦银行依托金融科技能力及互联网模式运营体系，90%以上的业务都通过云端实现。目前，该行已经完成全流程的"数智化"能力建设。在不断的探索和实践中，众邦银行已将大数据和人工智能的技术深入到经营决策的每一个环节，从而实现了从"面对面"到"键对键"的数字化运营（见图1）。该体系包括以下四大模块：

"司南"精准营销系统：建立营销评级模型，实现多场景精准获客。

"倚天"大数据风控系统：运用金融科技底层技术，实现精准评估客户风险、动态风险定价、贷前自动化审批的风控应用；

"洞见"客户行为预知系统：建立实时预警监控模型，监控企业显著的负面风险信号，实现贷中风险早预见早应对早处置；

"众目"贷后管理系统：依托大数据模型技术，实现逾期客户分层及差异化催收等功能，有效节约成本、提升管理效率[①]。

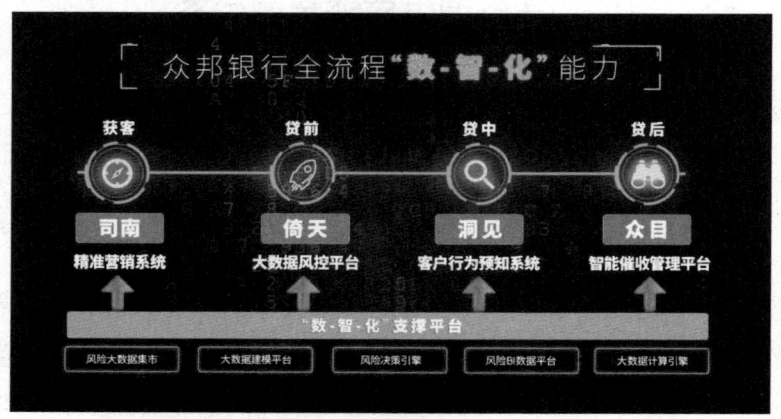

图1 众邦银行全流程"数智化"能力

---

① 中国新闻网. 众邦银行获国家高新技术企业认定、成为全国第五家获批银行[EB/OL]. 2020-03-09.

"数智化"能力建设是众邦银行的立行之本，通过整合个人维度和小微企业6 556个数据维度、12 178个风控数据字段、153个风控微服务数以及114个风控子模型，最大程度地掌握客户信息，构建立体风险画像，有效评估客户风险。同时，众邦银行可以全天候受理、全自动审批，每日可处理客户申请10万笔，单笔贷款最快审批时长为1秒（见图2）。

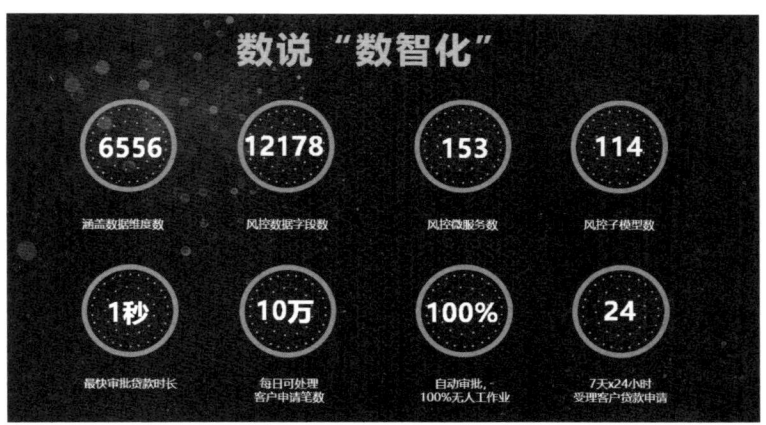

图2　数说众邦银行"数智化"

对于民营银行来讲，在风控环节积极推行科技创新成果应用恰恰可以体现出与传统银行的比较优势。在全流程"数智化"体系中，"倚天"智能风控平台（以下简称"倚天"）起到了纽带和核心作用。"倚天"是众邦银行自主研发，能够实现精准评估客户风险、动态风险定价、自动化审批的风控平台。首先，小微企业无需抵押，只需通过交易场景平台线上申请，"倚天"即开始对客户信息进行认证和识别；其次，该风控平台通过交叉验证、复杂网络等技术进行反欺诈识别；最后，多维度对客户收入及负债资产进行深度分析，从而快速给予客户授信额度并准确进行风险定价（见图3）[1]。

---

[1]　湖北日报. 众邦银行"众易贷"：金融科技科技助力消费升级[N]. 2019-11-27.

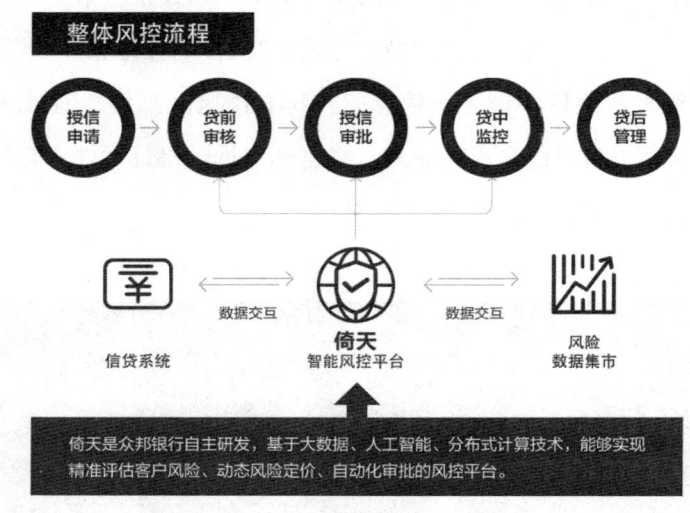

图3 众邦银行"倚天"智能风控决策平台示意图

2. POWER IT能力体系

众邦银行通过搭建POWER IT能力体系，为智能供应链金融生态建设提供有力支撑。具体来说，是通过五个层面的金融科技基础设施建设，完成智能供应链金融的底层架构，以全面打通信息链和资金链从而实现金融生态业务闭环（见图4）。

第一层是技术革新层（Revolution层），是最底层的支撑。在这一层，金融机构需要利用革新的技术如区块链、物联网、大数据、云计算、人工智能等，将全新的金融基础设施与供应链金融生态融合，支撑供应链生态可信、互联，促进算法、算力、实时扩容等能力建设，为金融服务赋能供应链金融生态每个环节创造技术条件。

第二层是基础服务层（Essentials层），即提供"存、贷、汇"等最基础的金融服务，保障供应链金融生态各项业务稳定运行。通过灵活的账户管理能力，实时的支付结算能力，精准的账务核算能力，高效的运营操作体系，为供应链金融生态的科技创新提供了稳固的基础支撑。

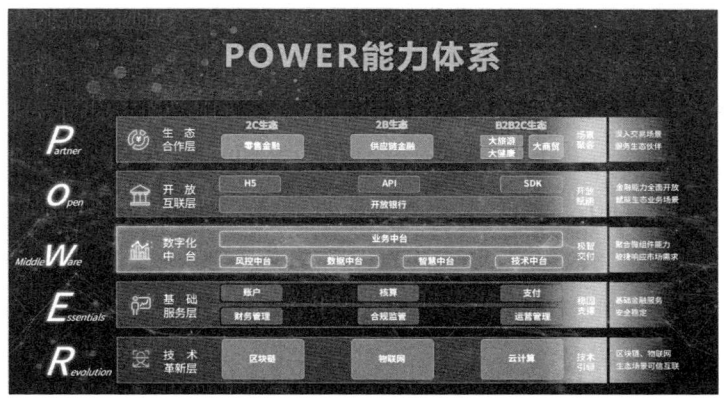

图4　POWER能力体系示意图

第三层是数字化中台（Middleware层），是供应链金融生态智能化的关键。数字化中台的核心是业务中台，另外需要技术中台、风控中台、数据中台和智慧中台作为四个重要支撑，数字化中台的目标是实现快速的产品创新能力、业务快速上线能力、全流程的自动化风控能力和业务洞察能力，最终实现数据智能化，业务创新化。

第四层是开放互联层（Open层），金融能力全面开放，赋能供应链金融生态业务场景。通过灵活便捷的SDK、API以及H5等接入方式，为场景方提供全方位定制化的金融产品及服务。

第五层是生态合作层（Partner层），通过"自建场景、嵌入场景、输出场景"三种方式与供应链金融生态相融合，构建"极致"服务体验。

3. 打造自有供应链生态交易平台——众赢通平台

"众赢通平台"是众邦银行面向供应链金融参与方（包括金融机构、产业互联网和消费互联网等）构建的数智金融服务平台，是传统供应链金融B2B2C模式的升级版。基于开放、连接、共建、共赢的理念，为合作伙伴提供稳定资金、优质资产、交易流量、账户服务、支付结算、存款理财、大数据风控、投融资等一体化金融服务，实现平台一点接入、生态全程响应（见图5）。

打通"内循环"：以解决交易痛点、构建服务生态为目的进行顶层设计，通过数智化能力打通内部信息壁垒、创设各类新型产品服务，实现各类业务循环协同。

连接"外循环":以数智化金融能力为基础,连接外部合作伙伴的资金、数据、技术、产品、用户等资源,形成循环共生的金融生态。

关注用户旅程:通过解构用户交易行为,洞察用户交易旅程中的金融痛点,利用邦企通、邦户通等支付产品将众链贷、众易贷等存贷产品嵌入到对应的交易场景中,形成一套集账户、支付、信贷、理财为一体的金融解决方案。

贯通账户体系:以E账通账户体系和开放银行为底层支撑,打通产业链B、C端的账户体系,同时结合相关互联网技术实现产业链四流合一,提升产业链上B、C端的数字化、智能化水平,实时洞察和满足用户金融需求。

构建活户生态:围绕用户交易行为搭建整个生态的基础服务设施,将存、贷、汇等金融服务赋能给生态合作伙伴和用户,同时为生态内各类机构分享流量、提供数据接口和产品模块,吸引从B端到C端的合作伙伴共建生态,开发出更多优质金融服务,并提升生态对客户的黏性。

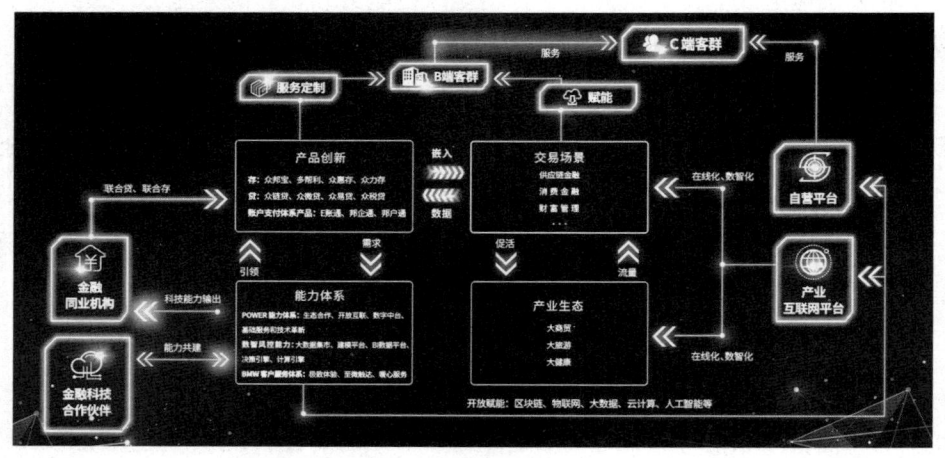

图5　众邦银行数智金融服务平台"众赢通"示意图

(二)打造新型的"自营平台"服务渠道

顺应数字经济发展趋势,众邦银行的服务模式从提供产品转向融入场景,全面构建"场景+金融"生态服务体系。利用众邦App、微信银行、H5、SDK和API等方式,打通B2B2C全流程。在保障各方信息安全的前提下,由B端入手服务好C端，反哺B端，深度绑定B端客户，使金融服务在"链"上、线上延伸拓展，连通民营小微企业普惠金融服务的"最后一分钟"。

（三）"三个三分之一"的人才发展理念

高新技术的研发和商业应用，归根结底需要的是高新技术人才。截至2019年年底，众邦银行60%的员工从事产品设计、科技研发、大数据、信息安全等方面工作，30%的员工来自于北上广深的金融机构和互联网公司。基于互联网交易银行的定位，在团队构成上，众邦银行提出"三个三分之一"的理念，即传统银行背景、金融科技背景和互联网背景的人员各占三分之一。这种复合型人员结构，既能秉承银行的严谨合规，又能保持互联网的灵活创新。

三、特色产品

众邦银行利用金融科技创新手段塑造业务和运营模式，以供应链金融为切入点，打造"众系"特色金融产品体系，提高民营小微企业融资可获得性，提升金融支持实体经济发展质效。

（一）众链贷（市场化B端）

"众链贷"是众邦银行一系列供应链金融产品的统称，旗下产品包含信用贷款产品"邦信"、订单融资产品"邦采"和保理产品"邦收"三款细分产品，每一项细分产品针对不同场景下的企业融资需求。"众链贷"综合运用多种互联网新型技术，为核心企业和和核心供应链管理平台上下游企业提供融资服务。借助"倚天"智能风控决策平台，小微企业无需抵押、只需通过交易场景平台线上申请，就能完成对企业信息的认证和风险判定，进而完成智能化的信用评分、授信审批和发放资金。

目前，众邦银行已与中农网、化塑汇、卓钢链等优质B2B供应链管理平台进行深度产融一体化合作，有效提高了金融服务供应链小微企业的效率，降低了融资成本，促进相关产业供应链的良性运转和实体产业的发展。2020年9月，众邦银行"众链贷"产品从国内外金融机构、科技企业的112个案例中脱颖而出，入选首届NIFD-DCITS全球金融科技创新案例库[①]。

1. 众链贷-邦信：纯信用供应链金融产品"众链贷-邦信"，主要服务超市、学校等单位上游供货商。融资企业通过线上提交贷款申请，众邦银行通过融资企业授权获取企业的主体信息、法人征信、法院诉讼、税务记录以及与上下游企业的过往交易等全维度数据，在此基础上众邦银行通过自主研发的"倚天"智能风控决策平台线上审批并发放贷款。上游供货商只需线上进行三步操作，无需抵押或担保，即可实时获取"众链贷-邦信"信用贷款并可循环使用，有效缓解采购备货的资金压力。

2. 众链贷-邦采：订单融资产品。以众邦银行与化塑汇联合打造的供应链金融管理平台为例，该平台打通并采集了融资企业的上下游交易数据，并通过区块链和物联网技术保障订单流转各个环节数据的真实性。当企业需要融资时，众邦银行会依据平台提供的企业采购信息，包括品类、数量、金额、供货时效等，以及上游供货商材料出库、运输、在库管理等信息，为采购企业智能审批"众链贷-邦采"的额度和期限，并将发放贷款直接打到上游供货商账户上。在帮助该企业及时采购、扩大生产规模的同时，"众链贷-邦采"也保证贷款专款专用，有效控制风险。

3. 众链贷-邦收：该产品为应收账款融资产品。通过线上供应链金融系统，供应商通过线上提交应收账款（发票）信息、应收账款转让及融资申请等操作、银行系统自动完成转让审核、融资在线发放及回款资金处理。

截至2020年6月底，"众链贷"产品累计投放金额110亿元，服务客户数超过4 500户，客户规模以小微企业（包括个体工商户）为主，客户行业以批发零售和制造业、航空运输服务业为主，客户地域分布以华中为基点向全国发散。

（二）众易贷（C端长尾客群）

"众易贷"是众邦银行正式推出的一款面向个人的互联网消费金融产品，该产品致力于向传统银行未能覆盖的中低收入人群提供消费信贷服务，满足长尾小微群体金融需求，提供更安全、更便捷和更高效的金融服务，是众邦银行坚持普惠金融的重要实践。在产品设计上借鉴"101"贷款模式，即1分钟

[①] 中国新闻网. 众邦银行"众链贷"入选首届NIFD-DCITS全球金融科技创新案例库[EB/OL]. 2020-09-25.

申请，0人工审批，1分钟放款。个人客户可以通过互联网极速申请，无人工干预，自动化审批，智能化管理，高效放款，享有7×24的全时段金融服务。

截至2020年9月末，"众易贷"合作平台达到20家，其中头部平台包括携程、京东、国美等具有强消费场景的平台。"众易贷"客户平均年收入在4万~5万元。其中，75.9%的客户为大专及以下学历，78.1%的客户从事蓝领服务业或制造业，83.2%的客户为三线外城镇、农村居民，大幅度拓展了普惠金融的覆盖率以及覆盖半径。

（三）场景金融特色产品

众邦银行结合互联网交易银行定位，产品设计以场景为依托，将金融服务融入到各类场景中，通过打通账户底层资金、信息壁垒，将基础的功能性金融产品结合场景组合成智能型产品解决方案。

"商务卡"产品是基于商旅场景的解决方案，解决员工在因公商旅场景中垫资及报销流程繁琐的痛点，用于企业员工支付差旅、用车、用餐等费用，账单由公司直接缴付，可节省传统员工报帐及请款之手续。一方面帮企业实时管理支出，另一方面帮员工彻底告别出差垫资及繁琐报销。在产品设计上，通过整合e账通系统、二类户系统、支付系统等，在账户层功能上"银行二类户和e账通电子账户同时开户、建立关联关系"，在支付层上"银行二类户支持在微信、银联渠道绑卡消费"，进而满足企业线上开户、充值，员工线上开户、扫码支付等需求，再结合线上存款和员工贷款等金融产品，实现全场景嵌入式服务。

"会员卡"产品，是众邦银行发掘到疫情影响下消费领域一些健身房、餐饮店、美发店等线下门店商户跑路、消费者储值卡权益受损等痛点问题开发的一款产品。产品功能上，首先，通过二类户会员卡模式，从账户层保障客户会员卡资金安全，为用户提供更安全的线上开户、充值、提现、支付等功能，改善消费体验。其次，便于商户搭建会员体系，更好设计会员增值服务，增加客户黏性。最后，帮助会员卡商户更好合规管理预付式消费资金、解决现金流问题、取信于消费者。众邦银行会员卡业务主要利用银行二类账户体系解决预付款、押金消费场景下的资金安全与资金清算通道问题，不仅能帮助合作平台的商户建立合规合法的会员储值体系，还能为银行借助平台引流实现线上批量获客和储蓄存款的提升。

四、疫情下企业的社会责任

2020年新冠肺炎疫情发生后，众邦银行采取多项措施，助力受疫情影响较重的湖北省内中小企业抗击疫情，支持企业复工复产。全行上半年民营普惠型小微企业贷款余额继续保持较高增速，6月末达36.69亿元，较年初增加10.41亿元。户数2 612户，较年初增加643户。

一是推出专项产品。2020年3月起，众邦银行推出了"战疫云贷"专项再贷款产品，针对受疫情影响、授信在1 000万元及以下的供应链上下游及本地小微企业，提供纯线上、低利率、手续简、风险小、批量化服务。"战疫云贷"专项产品投向批发零售、制造业、旅游娱乐、住宿餐饮占比超90%，全面助力受疫情影响较大行业及上下游企业协同发展。截至6月30日，"战疫云贷"共发放628笔贷款，金额7.45亿元。

二是划拨专项额度。2020年2月初，众邦银行提前安排部署，率先为湖北省中小微企业匹配50亿元专项信贷规模，根据实际需求灵活调增，并实施小微企业贷款FTP优惠，保证应贷尽贷、应贷快贷。

三是定制专项方案。众邦银行根据抗疫不同时期、不同行业企业及不同的受影响程度，指导定制"一企一策"金融服务方案。2020年2月中旬，获悉武汉某老牌连锁餐饮机构年夜饭订餐全部被取消面临资金周转困境，众邦银行迅速批准其574万贷款利息延期3个月的申请，帮助企业渡过难关。后续持续跟进该企业复工复产情况，为其量身定制金融解决方案。

四是加大降息免息、减费让利。众邦银行主动下调小微企业贷款利率，执行普惠小微企业LPR利率参考定价机制，加大减费让利力度，加大"首贷户"投放力度。对受疫情影响企业主动予以展期或续贷、延期还本付息，免收罚息复息，全力支持中小微企业恢复产能和扩大生产。截至2020年6月30日，已对2 558户企业实施延期还本付息政策，涉及延期还本付息的贷款本息金额达97.63亿元。

此外，众邦银行第一控股股东卓尔控股有限公司作为一家民营企业（以下简称"卓尔控股"），在武汉地区发挥了十分积极的作用。新冠肺炎疫情最为严峻的时期，卓尔控股紧急成立了7家应急医院、3家方舱医院，武汉市的1/6的疫情专用床位是由卓尔控股援建。

五、近期发展规划

以"打造最具特色的互联网交易银行"为目标,众邦银行将持续推动数字建设提速提质,助力小微企业发展。

一是全面打造"零接触"开放性数字银行。下一步,众邦银行在商业模式上加快打造两个工程。一个是数字众邦工程,将继续运用金融科技核心优势,快速全线上、无接触的产品和服务模式创新,加速推动管理、运营和服务方式的全面数字化,通过数据仓库、数据集市,更好的存取、调用数据,从开放银行到技术场景、业务场景的演进,打通业务底层,为中小微企业和更多的个体工商户提供数字金融服务,通过数字化实现高质量发展。另一个是客户服务满意工程,持续拓展客户、融合生态,进一步打通资金和信息闭环,为中小企业、小微商户和个人客户提供更优质的定制化、多功能综合金融服务,实现B端和C端的全面联通,形成差异化竞争优势。

二是奠定泛供应链金融核心竞争力。依托于ABCDI底层技术(人工智能AI、区块链BLOCKCHAIN、云计算CLOUDS、大数据DATA、物联网IOT),围绕供应链生态圈不断优化和改进供应链金融产品,通过与生态圈内外平台、核心企业等合作,运用泛供应链金融模式,融入"场景+金融"生态体系,建立特色化金融产品服务矩阵,实现战略行业场景全覆盖,形成众邦银行供应链金融核心优势。

三是多措并举轻资产运营。坚持完善场景化获客方式、标准化产品设计、智能化风控体系、开放式科技服务建设,优化资本结构、提升经营效率和盈利能力,展现中小银行敏捷高效、快速赋能特征,成为资金、资产撮合赋能中介,持续走轻资产运营道路。

(本案例由大成企业研究院张丽华根据公开材料及众邦银行在调研中提供的材料撰写。)

聚焦新普惠，走数字化智慧银行之路
——上海华瑞银行

上海华瑞银行股份有限公司是全国首批试点的5家民营银行之一，由上海均瑶（集团）有限公司联合上海10家民营企业发起。华瑞银行2014年9月26日获中国银监会筹建批复，2015年1月27日获开业批复，5月23日正式营业。华瑞银行在试营业期间即确立了"服务小微大众、服务科技创新、服务自贸改革"的战略定位，逐步形成了"智慧供应链""数字零售普惠"和"科创金融"三大普惠金融战略方向。

截至2019年年底，华瑞银行总资产396.27亿元、营业收入9.93亿元、净利润2.68亿元，贷款客户中民营企业贷款户数占比达95.89%，贷款余额占比75.02%。金融服务的范围涉及租房、旅游、汽车、物流、节能环保、生物医疗等多个领域的企业和个人用户。

一、基本情况

华瑞银行注册资本30亿元，前三大股东分别为均瑶集团、美特斯邦威服饰和上海骋宇实业，持股比例分别为30%、15%和13.8%（股东及持股情况见表1）。

华瑞银行董事会目前共有董事14名，包括股东董事8名，执行董事2名，独立董事3名，现任董事长侯福宁、代行长解强（原行长朱韬因个人原因，已于2020年7月初提出离职）。

表1　华瑞银行股本结构及股东情况

股东名称	股东性质	入股时间	股数（万股）	持股比例（%）
上海均瑶（集团）	私营企业	2015年1月28日	90 000	30.00
上海美特斯邦威服饰股份有限公司	私营企业	2015年1月28日	45 000	15.00
上海聘宇实业有限公司	私营企业	2015年1月28日	41 400	13.80
上海凯泉泵业（集团）有限公司	私营企业	2015年1月28日	24 450	8.15
赣商联合股份有限公司	私营企业	2015年1月28日	24 450	8.15
上海建之桥企业发展有限公司	私营企业	2015年1月28日	19 500	6.50
上海国大建设集团有限公司	私营企业	2015年1月28日	14 400	4.80
上海熊猫机械（集团）有限公司	私营企业	2015年1月28日	14 400	4.80
上海汉神投资有限公司	私营企业	2015年1月28日	14 400	4.80
上海恒硕物流有限公司	私营企业	2017年11月24日	6 000	2.00
上海众恒信息产业股份有限公司	私营企业	2015年1月28日	6 000	2.00

注：数据源自华瑞银行2019年年报。

成立五年以来，华瑞银行坚定推进数字化新普惠战略，不断深化智慧银行的实践与发展，差异化特色鲜明的战略业务发展良好，资产负债规模保持稳健，信贷质量总体较好。

（一）资产和负债情况

截至2019年年底，华瑞银行资产总额396.27亿元人民币，负债总额356.39亿元人民币，资产负债率89.9%（见表2）。

在资产端，贷款净额196.7亿元，占总资产的49.6%；现金及存放央行款项41.6亿元，占10.5%；存放同业款项8.16亿元，占2.1%。

在负债端，吸收一般存款242.9亿元，占负债的68.1%；吸收同业存款46.1亿元，占12.9%；拆入资金10.5亿元，占2.9%。

表2　2017—2019年华瑞银行资产负债情况

单位：元

项目	2019年	2018年	2017年
资产			
现金及存放央行款项	4 163 911 031.88	22 81 720 376.50	3 947 433 229.19
存放同业及其他金融机构款项	816 024 306.60	2 655 318 087.33	3 170 474 664.71
拆出资金	1 320 000 000.00	300 000 000.00	—
以公允价值计量且其变动计入当期损益的金融资产	39 243 200.00	138 468 200.00	235 137 320.00
买入贩售金融资产	—	1 774 830 000.00	1 378 051 000.00
发放贷款和垫款	19 666 202 150.57	17 550 471 678.46	18 075 460 421.85
可供出售金融资产	423 812 054.10	1 02 124 114 64	2 611 391 858.75
持有至到期投资	10 106 644 269.36	4 922 505 550.38	1 555 037 582.19
应收款项类投资	2 141 100 562.81	4 434 433 719.48	7 681 637 250.36
固定资产	30 591 128.80	33 130 838.96	28 237 366.82
在建工程	9 240 800.61	17 493 077.23	49 431 723.54
无形资产	200 058 112.91	174 129 606.15	86 705 752.97
递延所得税资产	130 809 050.38	104 090 562.78	67 649 937.39
其他资产	579 624 194.81	314 226 959.36	246 380 083.30
资产总计	39 627 260 862.83	36 260 942 771.27	39 140 521 654.67
负债			
向中央银行借款	190 000 000.00	510 000 000.00	524 022 090.18
同业及其他金融机构存放款项	4 608 370 605.49	4 494 026 665.19	6 349 376 130.42
拆入资金	1 047 575 069.06	160 000 000.00	—
吸收存款	24 294 277 356.60	21 593 491 625.67	25 152 570 498.45
应付职工薪酬	84 705 078 .85	83 825 538.56	100 556 786.53
应交税费	25 823 238.15	61 797 813.36	72 718 930.70
应付债券	4 693 074 905.14	4 983 745 926.78	3 061 389 060.77
其他负债	694 889 612	655 310 241.72	477 810 371.96
负债合计	35 638 715 865.80	32 542 197 811.28	35 748 443 869.01

数据来源：华瑞银行2017年、2018年、2019年年报。

（二）营收和利润

由于经营结构调整和负债成本上升等原因，华瑞银行2019年营收和净利润较2018年均有所下降。

2017—2019年，华瑞银行的营业收入分别为10.48亿元、10.93亿元和9.92亿元，2019年营收相较2018年下降9.18%。净利润分别为2.53亿元、3.26亿元和2.68亿元，持续保持盈利，但2019年相较2018年下降了17.95%（见表3）。

表3 2017—2019年华瑞银行营收情况

单位：千元

项目	2019年	2018年	2017年
营业收入	992 990	1 093 354	1 048 307
其中：利息净收入	916 524	954 017	909 077
手续费及佣金净收入	29 606	98 085	109 779
净利润	268 157	326 829	253 057

数据来源：华瑞银行2017年、2018年、2019年年报。

2019年，华瑞银行实现净利润2.68亿元，同比下降17.95%。其中，利息净收入9.16亿元，下降3.93%，占营业收入的92.3%；手续费及佣金净收入2.97亿元，下降69.82%%，占营业收入的比重仅为3%（见表3、表4）。

表4 2017—2019年华瑞银行各项业务增长和占比情况

项目	2019年		2018年		2017年	
	增长率	占比	增长率	占比	增长率	占比
营业收入	−9.18%	—	4.30%	—	48.65%	—
利息净收入	−3.93%	92.3%	4.94%	87.3%	74.06%	86.7%
手续费及佣金净收入	−69.82%	3.0%	−10.65%	9%	−32.93%	10.5%
净利润	−17.95%	—	30%	—	77.96%	—

数据来源：华瑞银行2017年、2018年、2019年年报。

在盈利能力方面，华瑞银行2019年的资产回报率为0.71%，净资产收益率为6.96%，两项指标相比2018年均有所下降（见表5）。

表5 2018—2019年华瑞银行盈利能力指标

指标	2019年	2018年	2017年
ROA（资产回报率）	0.71%	0.87%	0.72%
ROE（净资产收益率）	6.96%	9.19%	7.75%

数据来源：华瑞银行2017年、2018年、2019年年报。

（三）信贷资产质量和风控制标

根据年报显示，截至2019年年末，华瑞银行贷款和垫款余额201.95亿元，比上年末增长12.1%。其中，企业贷款总额161.6亿元，发放贷款企业按行业分布排行前三的行业分别为批发和零售业、租赁和商务服务业、房地产业，贷款余额分别为70.3亿元、25.6亿元和22亿元，占比分别为34.81%、12.66%和10.88%。个人贷款和垫款总额40.3亿元，其中与深圳前海微众银行共同发放的联合贷款27亿元，占比达67%。

2017—2019年，华瑞银行的不良贷款率分别为0.05%、0.69%和1.03%（见表6）。

表6　2017—2019年华瑞银行主要风控指标

年份		2019年	2018年	2017年
信用风险	不良率	1.03%	0.69%	0.05%
	拨备覆盖率	244.28%	382.46%	3513.94%
流动性风险	流动性比例	63.03%	64.66%	50.87%
	存贷比	83.13%	83.49%	72.72%
资本充足	资本充足率	16.15%	15.10%	13.08%

数据来源：华瑞银行2017，2018，2019年年报。

风险抵补能力，2017—2019年，华瑞银行的拨备覆盖率分别为3 513.94%、382.46%、244.28%；资本充足率为13.08%、15.10%、16.15%（见表6），两项指标均高于监管要求，持续保持在稳健水平，具有较强的抵御风险能力。

流动性水平，2017—2019年，华瑞银行的流动性比例分别为：50.87%、64.66%、63.03%（见表6），符合监管要求，总体稳定可控。

（四）客户结构

华瑞银行贷款客户群体的民营特征强，截至2019年年底，该行民营企业贷款户数占比95.86%，余额占比75.02%，较上年提高3.21和7.76个百分点；贷款企业中，中小占比高，中小微企业户数占比98.01%，余额占比85.93%，较上年提高2.61和4.67个百分点。单户授信金融1 000万元（含）以下的普惠小微贷款余额占比11.22%，户数占比68.07%。

二、聚焦三大领域，服务小微和实体经济

华瑞银行将广大中小微企业作为主要服务对象，积极为民营及中小微企业提供差异化金融服务，解决小微企业发展的难点痛点，将供应链金融、消费升级场景金融、科创生态金融作为重点发展领域，将大数据、云计算、区块链及人工智能等新兴金融科技手段广泛应用于各类金融产品和金融服务创新，不断优化调整业务和客户结构，打造特色金融产品。

（一）以智慧供应链金融为抓手，积极服务小微企业

通过深入研究细分市场产业供应链金融需求，华瑞银行依托大数据风控、物联网技术等科技手段，采取线上线下相结合的方式，积极打造面向小微企业的智慧供应链特色服务，陆续推出"瑞e订""瑞e保""瑞e通"等产品。截至2019年年底，该行智慧供应链业务余额46.66亿元，比上年年底增长61.22%，累计放款额187.47亿元。

以"瑞e订"为例，该产品是华瑞银行围绕建筑产业打造的智慧供应链金融产品，通过与核心企业的银企直联，实现资金流、物流、票据流三流合一的闭环式管理，为供应链的上游企业提供"一点接入，全国共享"的在线无追索权保理融资服务。与传统供应链金融的1+N模式不同，该产品在强势的下游核心买方与弱势的上游供应商之间架入核心平台——供应链管理企业，实现与核心平台的合作融合。通过对核心平台的封闭式管理，银行可获信息直达上下游商务交易环节，贸易结算资金在链条体内良性循环，从而实现银行风控管理通过1家核心平台向M家核心买方渗透。因此，该产品通过与一家核心平台的合作，将M家核心买方的信用有效引入链中，将融资服务向N家二级供应商延伸，在建筑产业供应链中，创新了N+1+M模式，有效地扩大了供应链金融对上下游多方的惠及度。

在建材行业，核心企业因其强势地位往往采用赊购的方式与上游配套企业进行贸易，账期最长可达180天，从而导致上游企业承受较大的资金压力。而上游企业恰恰大多是小微企业，轻资产经营，自身信用风险承受能力较低，且无法提供有效的抵质押物，难以从银行融资。"瑞e订"产品，致力解决这一痛点，基于供应链管理企业与核心买方签订的建材销售商务合同，以及根据该

合同采用以销定购的方式与上游供应商签订的建材采购商务合同，当建材交付于核心买方指定工地并由核心买方完成签收确权后，银行应上游供应商通过电子银行渠道的在线申请，并基于银行与供应链管理企业通过银企直联的信息交互与管理，为上游供应商提供在线保理金融服务。

"瑞e订"通过在产品组合、贸易背景追踪、交易信息验证、融资在线操作等方面的创新突破，将对民营中小微供应商的融资时点创造性地由核心买方债务确权前移至货物确权，将滞后的交易账期转化为灵活的融资账期，极大地提升了民营中小微供应商融资获得性，从而实现从发货到收款零账期经营。通过有效利用企业网银、银企直联等电子银行技术，实现交易信息和融资信息实时交互，为中小微企业提供24小时在线融资提款功能，有效地加快了资产和资金的周转效率，经营水平得到明显改善。

为了更好地控制和管理风险，通过在产品全生命周期中植入大数据反欺诈、物联网、智能地磅、生物识别、智能OCR技术及区块链存证技术等前沿科技手段，不断提高提升业务流程管理效率和风险管理的精度。

该产品有效地解决了建筑产业中小微企业融资难融资贵的问题，帮助小微企业大幅度缩短经营账期，提高资产周转效率。自2017年8月推出，产品融资规模快速增长，融资客户数稳步递增，并正在向跨境电商、仓储物流、工业制造和消费领域拓展。截至2019年6月底，"瑞e订"产品户均融资余额745万元，笔均放款额50万元，服务小微企业近800余家。随着业务流程和和科技功能的持续优化迭代，改产品对民营及中小企业的普惠金融服务能力将进一步提升，可实现日投3 000万～5 000万元普惠金融资产，月增50～60户中小微融资户的产量效果。

（二）线上与线下相结合，探索小微金融和数字零售金融新模式

华瑞银行稳步探索线上线下相结合的普惠零售服务，积极探索并持续优化个体经营类和民生消费类普惠金融服务。

1. 聚焦服务小微企业和创业者群体

针对小微企业客户和小微企业主、创业者等群体，华瑞银行推出了小微电商生态贷等金融产品。

生态小微贷款。依托科创企业客户平台场景，借助交易闭环管控、大数据

风控等科技手段,对其生态内的上下游、合作方等提供融资服务。该产品全程线上操作,产品申请及操作便捷、额度灵活、随借随还。截至2020年6月末"生态小微贷款"余额38 271.61万元,其中菜鸟生态贷余额38 021.31万元,华瑞生态小微贷(自营渠道)250.4万元。在贷户户均余额120万元。

个人创业经营贷。为本地小微企业法人、企业主要股东、企业实际控制人或个体工商户,提供房产抵押贷款,用于小微企业日常经营所需。2019年年末,创业经营贷余额2.18亿元。

此外,还有针对小微企业的流动资金循环贷、针对线下汽车经销商法定代表人或者实际控制人的车商贷,以及与经济园区、工业园区、创意园区等合作为小微企业提供租金支付等生产经营方面融资服务的园区租金贷等。

截至2020年6月末,华瑞银行已累计服务490户电商小微企业及小微企业主,累计发放贷款20.62亿元,放款笔数5 435笔,笔均40万。

2. 开展普惠零售业务,不断发力场景金融

华瑞银行精耕数字零售金融,不断提高线上线下相结合的普惠金融服务能力,实现零售金融业务规模化。

零售金融业务的目标客户定位为"新生一代":他们充分拥抱互联网,对"美好生活"有着强烈的追求,并且普遍具有"三高一低"的特征:受教育程度高,职业期望值高,物质和精神追求高,但财富积累水平低。住房、买车、学知、旅游等消费,使这些人有着较强的金融需求。这是客户群的特征,也是该行个人消费金融业务的行业策略、产品策略的起点。

在数字零售金融的融资业务方面,华瑞银行以在线金融的"展业获客"为手段,围绕B2B2C和消费升级场景,做好与成熟银行的"错位竞争",即:基于对垂直领域的场景聚焦,依托"衣食住行"等多个民计民生业态的互联网企业,通过与这类有场景的B类企业合作,输出该行针对C端客户设计的融资服务。

通过开放SDK合作的方式,与各类平台合作,布局支付、互联网借贷和投资理财。开放SDK,可以使华瑞银行能够快速开展消费信贷业务,目前该类业务在航旅出行、住房、汽车金融等领域尝试。但由于各企业平台应用场景不同,风控模型和系统均需要根据其客户行为和产品特点重新设计,因此具体业务尚未大面积铺开,截至2020年6月末,零售贷款余额60.62亿元,累计线上零

售客户数220.41万。其中航旅贷2019年年末贷款余额超过2亿元。

（三）积极服务科创企业，助力上海科创中心建设

华瑞银行坚持市场价值导向、回归信贷本质，不断探索金融创新，针对科创企业"轻资产、无抵押"特征，创新打造具有创投基因的信贷标准和流程，建立客户信贷"新三查"标准，向科创小微企业提供以信用为主的风险贷款。展业四年多以来，建立了包括投资级尽调、专业化评审、数据化贷后、定制化产品、机制化支持在内的具有自身特色的业务机制。华瑞银行科创金融业务覆盖信息技术、生物医疗、节能环保等多个领域，截至2019年年底，科创金融风险贷款余额20.7亿元，累计放款150亿元，户均融资余额602万元，客户均为民营企业，96%以上为小微企业。新增科创金融风险贷款客户中"硬科技"占比达56%。

目前，华瑞银行服务的科创企业中，大部分企业业绩成长良好，众多企业获得新一轮次融资，估值明显提升，更有部分企业上市或进入IPO阶段。截至2020年6月，已上市企业3户，筹划上市企业5户，行业独角兽、准独角兽9户，行业头部及明星企业19户。

华瑞银行科创金融业务的主要业务模式为：

1. 以认股期权为核心的风险抵补模式

科创企业所具有的高度不确定性导致了银行开展科创贷款业务在风险和收益上的不匹配性；但与此同时，其所具有的高成长性也为银行实现风险与收益平衡提供了可能性。通过对企业经营团队综合能力、业务模式可行性、核心技术价值等"软性"分析作为信贷决策的重要依据，为企业提供"无抵押、免担保"的风险贷款，摆脱传统信贷业务开展过程中对于硬担保的过度依赖。同时，华瑞银行会和企业签署认股期权（Warrants），以获取未来的股权收益，通过对企业认股权的持有，将有效分享企业成长中带来的超额收益，从而抵补业务开展中由于不确定性而导致的风险。

2. 以企业估值为核心的价值发现模式

科创金融与传统信贷的最大区别在于对早期客户的价值认知，以及客户的巨大价值成长空间。华瑞银行对科创企业进行有效的风险评估和价值发现，以此作为信贷分析决策的重要依据，从而避免传统信贷中企业经营稳定性评估对

于科创企业的不适应性。在服务对象选择上,华瑞银行将科创金融的客户定义聚焦于采用"新技术、新产业、新模式、新业态"的"创业、创新、创造"企业。通过给予早期科创企业信贷融资,有效降低其对于股权融资的过度依赖,进一步帮助企业实现价值创造、提升估值。

3. 以跟单融资为核心的风控落地运营模式

科创企业主要以轻资产形态为主,商业银行传统的依赖抵质押物的信贷模式已不适用。因此,构建与科创企业轻资产特征相适应的风控模式成为有效开展科创信贷业务的关键。华瑞银行通过跟单融资业务运营模式,与科创企业的内部业务链完整结合,以有效控制科创企业授信风险。跟单融资是华瑞银行科创金融的一个重要特色产品,企业放贷的资金与企业的跟单流、票据流和物流挂钩,动态了解企业的业绩,通过将融资与企业的内部业务链完整结合的方式,能够将整体授信分割为高频、小额和实时的"业务单"融资,再通过自动化、在线化的系统实现,能够有效控制风险,也能够为贷款业务提供高效的交易模式。例如,对一家餐饮企业的授信4 000万元,但并非一次性放款,而是根据上个月的出菜销售数据进行放款。

4. 以"六专"为核心的体制机制模式

由于科创金融与传统信贷在风险认知、经营理念、BD(业务拓展,商务开发)渠道等方面存在巨大差异,科创金融与传统信贷之间容易形成巨大的文化冲突。为避免这种冲突造成的不利影响,华瑞银行强化科创金融业务的独立性,着力在组织架构、风控管理、信贷标准、考核激励、信息系统、运营管理等方面建立专门机制,形成符合科创金融战略发展方向的专门体制机制模式。

三、不断创新持续发力,服务自贸区金融改革

作为中国第一个注册在自贸区,唯一注册在上海自贸区的法人银行,华瑞银行一直以来以制度创新为核心,服务自贸区金融改革,探索一系列自贸区金融产品创新举措。华瑞银行在开业初期就成立了自贸业务总部,成为专营自贸区业务的专门部门。

2015年8月24日,华瑞银行历时4个月的建设,一次性成功上线FT(自由贸易账户)系统,成为第31家获准对外开办FT业务的金融机构。该行通过FT账户

统筹国际国内两种资源,大幅度降低了汇兑成本和融资成本,有效地服务了实体经济,为40余家企业提供了累计85亿元的跨境融资。华瑞银行还对自由贸易账户结算业务做了便利化调整,为白名单内客户提供更便捷、更高效的自由贸易账户服务,提升客户体验度。截至2020年上半年,华瑞银行跨境融资业务余额30亿元,根据人行上海总部2020年上半年FT业务排名:在总共52家金融机构中,账户服务该行排名18,贷款服务排名19,位于中上水平。

五年来,华瑞持续助力上海自贸区金融改革,在上海市金融办主办的自贸区金融创新案例评选中,华瑞银行科创金融模式创新、境外发行大额同业存单、"走出去"企业融资服务等多个案例入选金融创新案例。

四、科技赋能,探索适应数字银行发展的风控体系

华瑞银行以大数据、云计算、人工智能等技术为基础,重点探索形成数据零售及普惠金融特色银行的专业化风险管理及大数据风控能力,持续完善全面风险管理体系,不断提升风险管理水平。

(一)不断优化风险管理流程和创新管理工具,做到风险管理全覆盖

结合宏观形势和监管政策,华瑞银行不断优化风险管理流程和创新管理工具,探索形成稳健有效、兼顾差异的业务风控模式和特色业务领域风控技术。制定差异化的授信政策,包括针对小微普惠、科创金融业务的差异化信贷导向及管控政策等。

华瑞银行做到风险管理全覆盖,制度管理架构逐步完善,已覆盖信用风险、市场风险、流动性风险、操作风险、法律风险、声誉风险、战略风险、信息科技风险、国别风险等九类风险。以"五个基本"为主线实施全面风险管理:即确立了全行各大类风险管理的"基本政策",形成了各大类风险管理的"基本流程",建立了以年度风险偏好指标为主线、各大类风险限额为补充的"基本限额",形成了包括压力测试、应急管理、连续性管理、信息系统、风控模型等在内的"基本工具",构建了对管理层的多维度"基本报告"体系。

（二）适应金融科技发展趋势，打造智慧风控能力

华瑞银行综合运用电子银行技术、物联网技术、区块链技术、大数据技术等金融科技，在不断提高银行服务能力的基础上，不断提升智慧风控能力。

以产品设计为例：

该行在产品设计之中建设流程风控体系，对客户登录、注册、开户、授权、信贷申请、贷款发放、还款、贷后管理的全部流程节点进行整体风控手段设计，将技术反欺诈、授信反欺诈、账户鉴权、验证、人脸识别、OCR、电子签名、A卡、B卡、C卡等金融科技工具嵌入流程，改变传统流程设计中的操作风控、信用风险和道德风险的防控手段。

如该行自行开发出"微单元融资系统"，能够直接对接企业销售、生产系统，具备跟单融资、信息核对、数据验证、实时监测等风控功能，以严密科学的贷后管理技术作为风险防控的有力工具。

再如在智慧供应链金融产品设计中，通过生物识别、人工智能、云计算及物联网等关键技术的应用，搭建覆盖贷前、贷中、贷后全流程的风控体系。一是依托信息和数据技术，依法合规收集客户、物流、仓储、征信以及第三方可验证数据，刻画客户画像，构建大数据风控模型，实现授信评估和授信决策；二是推进在线供应链金融业务操作标准化、线上化、透明化，降低操作风险；三是定期收集客户经营、财务、订单、现金流量变动，智能比对分析，提升风险管控有效性和精准度；四是在合规前提下业务流程极简，最大程度地提升客户体验。

（本案例由大成企业研究院徐鹏飞根据公开材料及华瑞银行在调研中提供的材料撰写。）

搭建智慧数字银行，赋能大众生产生活
——吉林亿联银行

吉林亿联银行注册成立于2017年5月3日，是我国东北首家获批开业的民营银行，也是国内第四家互联网银行，由中发金控、吉林三快（美团点评）等7家民营企业联合发起成立。亿联银行确立了"数字银行，智慧生活"的战略定位，秉承"服务普罗大众，赋能美好生活，共享开放平台，聚焦价值创造"的经营理念[1]，借助股东的优势背景，依托大数据、云计算、人工智能等互联网技术，致力于打造小而敏、轻资产、强链接、广覆盖的互联网银行[2]。亿联银行以金融为本，科技为用，以用户为中心，以互联网为通道，坚持践行"微存、易贷"的服务理念，在消费金融、小微信贷、农村普惠金融等领域不断实践创新[3]。

一、基本情况

（一）股东情况

吉林亿联银行注册资本20亿元人民币。截至2019年年底，共有七大股东，包括中发金控（30%）、吉林三快（28.5%）、吉林省华阳集团（9.9%）、双辽市鸣鑫商务有限责任公司（9.8%）、长春市博易博科贸有限公司（9.8%）

---

[1] 来源：吉林亿联银行2019年年报。
[2] 36氪.亿联银行行长张其广：互联网银行数字化进阶与逆周期生长[EB/OL].https://36kr.com/p/709028006664448,2020-05-16.
[3] 36氪.亿联银行行长张其广：互联网银行数字化进阶与逆周期生长[EB/OL].https://36kr.com/p/709028006664448,2020-05-16.

等。高管人员方面，戴皓担任董事长、张其广任行长。

（二）资产和负债规模

自2017年开业以来，亿联银行经过两年多的发展，各项财务指标有了较大提升。2019年，该行的资产规模、放贷规模、吸收存款额都获得了大幅度增长。

截至2019年底，亿联银行总资产313.2亿元，较上一年增长133.1%，发放贷款及垫款197.3亿元，增长290%；总负债293.6亿元较上一年增长152.2%，吸收存款250.6亿元，增长189.5%（见表1）。

表1 吉林亿联银行资产负债表

项目	2019年	2018年	增长率（%）
现金及存放中央银行款项（元）	5 458 927 523	1 541 372 418	254.2
存放同业款项（元）	1 294 255 956	3 201 506 935	−59.6
拆出资金（元）	1 272 950 000	2 673 000 000	−52.4
应收利息（元）	333 808 683	79 337 306	320.7
发放贷款及垫款（元）	19 733 120 366	5 059 659 995	290.0
可供出售金融资产（元）	1 107 605 241	100 000 000	1 007.6
持有至到期金融资产（元）	1 623 333 575		
应收账款类投资（元）	85 936 197	24 007 500	258.0
固定资产（元）	45 093 013	25 759 110	75.1
无形资产（元）	87 852 156	37 106 192	136.8
递延所得税资产（元）	50 433 446	68 477 817	−26.4
其他资产（元）	228 005 061	625 345 969	−63.5
资产合计（元）	31 321 321 217	13 435 573 241	133.1
同业及其他金融机构存放款项（元）	1 946 683 764	2 601 485 253	−25.2
拆入资金（元）	690 000 000		
卖出回购金融资产款（元）	99 840 000		
吸收存款（元）	25 057 812 854	8 656 362 244	189.5
应付职工薪酬（元）	83 083 121	99 060 307	−16.1
应交税费（元）	68 524 175	1 186 343	5 676.1
其他负债（元）	980 963 330	234 471 372	318.4
负债合计（元）	29 361 918 489	11 642 407 762	152.2
所有者权益合计（元）	1 959 402 728	1 793 165 479	9.3

截至2019年年底,亿联银行的资产负债两端均实现快速增长,业绩表现较为突出。其中,发放贷款的增量主要来自个人贷款业务;存款的增量主要来自于个人存款业务,存款中的个人定期存款占88%,单位存款占9%[①];可供出售金融资产11.1亿元,增长1008%,增量主要来自新增企业债券、资管计划,以及大额存单业务(见表2)。

在多元化融资方面,亿联银行持续加大银登中心平台信贷资产流转工作力度,在2019年、2020年第一季度共启动三期财产权信托ABS发行工作,累计销售额30亿元。该项目的基础资产是依托美团消费场景的一年期消费金融贷款,具备AAA(优先档)资产评级,获得了招商银行、北京银行、江苏银行等多家同业机构的超额认购,得到商业银行、信托公司、基金公司、证券公司等银行金融机构的充分认可。[②]

表2 2019年吉林亿联银行主要业务增长情况和原因

项目	2019年12月31日	2018年12月31日	增减幅度(%)	主要原因
发放贷款和垫款(千元)	19 733 120	5 059 660	290	发放个人贷款增加
应收款项类投资(千元)	85 936	24 007	258	投资增加
可供出售金融资产(千元)	1 107 605	100 000	1 008	本年新增企业债券、资管计划、大额存单
固定资产(千元)	45 093	25 759	75	固定资产原值增加
在建工程(千元)	66 805	27 349	144	在建工程增加
长期待摊费用(千元)	7 649	4 969	54	主要是装修费增加
无形资产(千元)	87 852	37 106	137	系统软件原值增加
吸收存款(千元)	25 057 813	8 656 362	189	个人和单位存款增加
应付利息(千元)	435 011	49 842	773	应付存款利息增加

来源:吉林亿联银行2019年年报。

(三)营收和利润

亿联银行成立以来,积极拓展各项业务。2019年,该行首次实现盈利,净

---

① 资料来源:吉林亿联银行2019年年报。
② 中经金融.亿联银行2020年第一期ABS即将发行[EB/OL].https://www.sohu.com/a/377212687_727447,2020-03-02。

利润1.5亿元。营业收入9.6亿元，较上一年增长487.9%，营业支出7.4亿元，增长93.6%；利息净收入9.5亿元，增长500.5%，业务及管理费收入3亿元，增长23.2%（见表3）。

盈利能力方面，2019年亿联银行的总资产收益率为0.68%，加权净资产收益率为8.16%，尚有较大的成长空间（见表4）。

表3　2018—2019年亿联银行营收情况

项目	2019年	2018年	增长率（%）
营业收入（元）	955 556 637	162 535 397	487.9
利息净收入（元）	952 041 887	158 535 028	500.5
手续费及佣金净支出（元）	−51 719 407	−8 898 195	481.2
投资收益（元）	52 865 349	9 442 947	459.8
其他业务收入（元）	1 135 433	8 790	12 818.0
业务及管理费（元）	302 138 000	245 311 000	23.2
其他收益（元）	1 233 236	3 446 827	−64.2
资产处置收益（元）	140		
营业支出（元）	−744 183 290	−384 345 366	93.6
净利润（元）	152 534 967	−149 862 557	202

表4　2019年亿联银行盈利能力指标

项目	2019年
总资产收益率	0.68%
加权平均净资产收益率	8.16%

注：数据源自吉林亿联银行2019年年报。

（四）信贷资产质量和风控指标

2019年、2018年，亿联银行的不良贷款率分别为1.21%、0.0031%，低于2019年全国城商行平均不良率1.37%[①]，信贷资产质量较好，安全系数较高，说明该行风控体系有效运行，能够保护客户的资金安全，预防欺诈风险和流动

---

① 新华财经.【金融机构财报解读】2019年城商行年报解读：稳健增长下业绩分化明显[EB/OL]. http://thinktank.xinhua08.com/a/20200509/1935681.shtml,2020−05−09.

性风险。

　　风险抵补能力，截至2019年年底，亿联银行的拨备覆盖率为210.9%，资本充足率11.1%，都符合监管要求，说明该行资金较为充裕，对于坏账的损失有充分准备（见表5）。

表5　2018—2019年亿联银行各项风控指标

单位：%

项目	2019年	2018年
拨备覆盖率	210.90	
流动性比例	210.01	249.24
资本充足率	11.07	22.67
不良贷款率	1.21	0.003

　　流动性水平，截至2019年年底，亿联银行的流动性比例210%，符合监管要求，流动性管理水平较好。

二、差异化经营特点

　　成立以来，亿联银行运用互联网技术，自主完成全流程智能风控体系建设，积极开展自营业务，进行广告投放和营销，不断扩大自营渠道业务规模，并协同股东资源，积极开发农村金融服务、小微金融等领域的多种线上线下产品，贷款利率在年化7%到18%之间。

　　客户结构方面，截至2020年7月末，亿联银行客户数总计682.20万户。其中，个人客户占98%，约669.83万户；企业客户占2%，约12.37万户。企业客户中，小微企业有61户，个体工商户有12.36万户。地域分布方面，亿联行线上消费贷款业务面向全国，企业贷款、农户贷款、个人经营性贷款客户全部在吉林省内。贷款结构方面，截至7月末，亿联行贷款余额240亿元，增幅19%。个人贷款中绝大部分属于信用贷款；企业贷款余额26亿元，其中信用贷款17亿元，保证贷款5亿元，抵押贷款4亿元，占比分别为66%、19%、15%。线上贷款业务占比90%以上，线下贷款业务占比10%以下。

　　美团点评和中发金控这两大股东为亿联银行带来较为关键的优势资源。美团点评是国内头部互联网服务平台,具有海量客户群的资源优势,在导流获客、个人消费贷款、个人经营贷款、信用支付、财富管理等方面与亿联银行进行合作并提供支持,截至2020年7月末,美团点评对亿联提供了约170亿元规模的贷款业务,并在日常贷款流量、客户筛选、风险建模合作方面对于亿联银行持续高度支持;亿联银行的另一大股东中发金控是主营保险业务的大型民营企业,在农村普惠金融业务"亿农贷"的展业中也与其进行深度合作,帮助该行在较短时间内探索出了农村普惠金融的成功模式。

(一)线上线下结合,灵活服务小微企业

亿联银行秉承"金融生活化"和"生活互联网+"的服务理念,以金融科技为驱动、以发展普惠金融为宗旨,采用"线上+线下"的模式,推出美团生意贷、易税贷、亿商贷、房亿贷等多款针对小微企业的贷款产品,特别是2020年新冠肺炎疫情期间,重点支持吉林省内的交通运输、批发零售、制造业、住宿餐饮等受疫情影响严重行业,大多为民营企业。

线上小微贷款产品方面,亿联银行推出易税贷、美团生意贷产品,为小微企业提供在线申请、循环授信、随借随取的个人经营类贷款。线下贷款产品方面,亿联银行的供应链金融团队推出亿商贷产品。其中,亿商贷产品依托行业供应链,参考核心企业ERP系统,能够准确把握小微企业采供销信息,解决借款人财务数据不透明、不规范,无法进行客户有效财务信息准确判断的问题,为行内业务审查与审批提供相关依据。

(二)探索农村普惠金融创新模式

亿联银行紧跟吉林省"三支柱一市场"的农村金融改革战略,依托互联网技术,不断探索农村金融服务新模式,积极助力农村金融改革。亿联银行充分考虑吉林省农村地区幅员辽阔、农户现场申请不便、用款具有周期性、季节性的特点[①],在吉林省成功试点纯线上无抵押的信用贷款产品"亿农贷",在实践中探索解决农村地区存在的融资难、利率高、效率低、风险高等问题的金融服务方案。

---

① 36氪.亿联银行行长张其广:互联网银行数字化进阶与逆周期生长[EB/OL].https://36kr.com/p/709028006664448,2020-05-16.

"亿农贷"的展业模式是以农村土地经营权为依托,采取农户将土地经营权流转给吉林省金控集团股份有限公司下属的物权公司,由物权公司负责为农户提供全额增信的服务模式。在与吉林金控集团的"线上+线下"合作中,亿联银行主要提供资金、科技、服务,金控集团提供网点、信息、人员。金控集团按照"亿农贷"的制度要求为亿联银行提供客户,由亿联银行利用多种科技手段,多维度地对农户地信用情况进行分析,农户将土地经营权抵押给金控集团,金控集团为农户提供增信服务,亿联银行为农户提供贷款资金。

"亿农贷"模式是较为成功的数字化农村普惠金融模式,体现出互联网银行运用科技手段服务三农的创新能力和普惠精神。有效地盘活了吉林省内许多地区的农村资产,在提高农户金融服务可得性的同时,增强风险缓释,有效地降低了坏账风险,业务实现风险可控的良性循环。

2020年6月24日,亿联银行"亿农贷"产品从12家世界顶尖银行中脱颖而出,荣获国际零售银行家(RBI)颁布的"2020年度最佳创新产品奖"。

(三)发力个人存款业务

作为互联网银行,亿联银行不能通过网点吸收存款,客户黏性不足,致使存款受监管政策影响较大,但该行仍然通过创新产品等途径使得其一般存款量实现快速增长,体现出民营银行经营机制的灵活性。

亿联银行的账户结算业务采取"线上化""定制化"的智慧运营模式,将手机银行进驻微信平台和亿联App,在微信公众号和自有App上共同为用户提供账户结算服务,账户沉淀存款不断增加。在销售渠道方面,亿联银行通过微信公众号开展各类拉新促活运营活动,促进用户增长,增强用户黏性。

(四)践行开放银行战略,打造金融服务智能连接器

亿联银行秉承"数字银行,智慧生活"的长远使命目标,在银行业数字化转型升级的实践中,以现有业务为基础,持续构建和打造开放银行体系,基于此规划制定实施路径和步骤。亿联银行制定了完成开放银行搭建的三个阶段性目标:第一阶段的目标是开放API、SDK端口,将自身服务体系输出给场景方;第二阶段的目标是将资金资源开放给合作伙伴;第三阶段的目标是构建基

于金融服务市场的生态。①

在目前的第一阶段，亿联银行将在监管允许和客户授权的基础上，运用金融科技创新手段，通过API等技术向场景合作方开放金融产品与服务、向开放平台相关主体开放金融连接的产品与服务、向国内外同业金融机构开放金融科技能力，搭建场景平台、垂直行业、小微企业、终端用户、同业金融机构之间共享平台的服务模式。

将自身打造成金融服务的智能连接器是亿联银行实现开放银行战略规划的具体实施目标，主要做法是以该行现有的账户业务、资产业务和负债业务为基础，实现行内业务与外部合作伙伴之间的有效连接，以及行内各业务之间的有效联动。打造金融智能连接器的第一步是引流，亿账通账户体系通过API、SDK、H5等形式与具有交易场景的线上互联网平台对接，借助互联网平台为个人客户和小微企业提供账户、支付结算、收单清算等服务，以实现向资产和负债业务输入各类交易平台的客户资源，挖掘客户在其他业务方面的需求。第二步是打造资产连接器，即整合资金端供给端资金和资源，以场景平台、普惠型小微客户和终端用户等不同资产端需求为主体，提供资金、产品与服务、交易能力等金融产品服务或综合解决方案，实现供给和需求之间的高效匹配。第三步是打造财富连接器，即整合基金、保险、银行等金融机构的明星理财产品，为外部合作平台输出财富金融产品以及财富管理能力，帮助合作平台精准筛选目标客户，搭建新的获客场景。

三、特色金融产品

（一）小微金融业务："易税贷""亿商贷""美团生意贷"房亿贷"差旅天下"

1. 银税互动信用贷款："易税贷"

亿联银行通过与国家税务总局吉林省税务局及税务服务机构密切合作，将企业的纳税信用与融资信用相结合，推出了服务小微企业的产品"易税贷"。

---

① 36氪.亿联银行行长张其广：互联网银行数字化进阶与逆周期生长[EB/OL].https://36kr.com/p/709028006664448,2020-05-16.

"易税贷"是一款纯线上、无抵押的信用贷款产品,通过对企业经营状况进行大数据智能分析与评估,亿联银行能够为符合条件的小微企业法定代表人或个体工商户提供贷款。"易税贷"的贷款额度可循环使用,资金到账快,按日计息、随借随还,除利息外不收取其他费用,提前还款无手续费,大大降低了小微企业的融资成本。[①]

2. 供应链金融抵押贷款:"亿商贷"

"亿商贷"是亿联银行围绕欧亚集团及集团供销体系产业链上的上万家小微及民营供应商设计的线下抵押贷款产品。"亿商贷"的业务操作核心依托行业供应链,参考核心企业ERP系统,把握小微企业采供销信息,有针对性地为小微企业提供信贷产品支持,通过引入担保公司提供担保增信,克服小微企业主无有效抵押物、无强担保措施的问题,切实解决小微民营企业痛点。截至2020年7月31日,"亿商贷"累计放款4 365万元。

3. 经营类信用贷款:"美团生意贷"

"美团生意贷"为经营类信用贷款,截至2020年7月末,该产品的累计贷款余额约23亿元。"美团生意贷"针对美团体系内优质商户开放,具有小额、高频、短期、线上申请、秒级审批、随借随还、按日计息等特征。该产品根据借款人的姓名、身份证号、手机号及三方数据信息,经过授信准入、信用评分、额度计算,实现风险线上实时审批,分钟级放款,为小微企业解决急切的融资需求。

4. 房屋抵押贷款:"房亿贷"

"房亿贷"是亿联银行向借款人(自然人)发放的,以认可的房产作抵押担保,用于满足个人生产经营或个人综合消费资金需求的人民币贷款业务。主要面向企业家及个体工商户,以足额有效的房产抵押为担保方式,根据经营规模及需要核定贷款额度,具有手续简、审批快的特点。截至2020年7月31日,"房亿贷"累计放款7 685万元,

5. 场景金融:"差旅天下"项目

2019年9月5日,亿联银行与国家高新技术企业吉林省差旅天下网络技术股份有限公司合作,为平台服务的企业提供融资服务。差旅天下是一家通过线上

---

① 资料来源:吉林亿联银行2019年社会责任报告。

软件平台+线下服务模式,为企业客户提供消费费控(差旅)管理平台和服务外包的一站式解决方案的服务商。亿联银行以系统直连的方式,在该平台的订单环节切入金融产品与服务,做到每笔订单独立审批,秒级放款。截至2019年年末,亿联银行在差旅天下平台内放款数达4万多笔,放款额近5 000万元,笔均贷款额1 200元。

(二)农村金融服务:"亿农贷"

2018年12月,亿联银行根据吉林省农村市场特点,为广大农户推出了"远程办理、方便快捷、随用随支、节省利息"的线上贷款产品"亿农贷",该产品的年化利率为7.92%。截至2020年7月底,"亿农贷"累计向8 100余户农户投放信贷3.3亿元,余额2.38亿元,未发生逾期和不良。[①]

"亿农贷"采用全流程智能风控体系,运用数据化分析、模型化审批、自动化引擎、系统化获客等多项科技手段来实现农村普惠信贷数字化,例如能够依托OCR识别+人脸识别等技术远程核实农户身份,并基于农户的基本信息、IP地址、通讯信息等数据为农户进行画像等[②],有效防控欺诈和信用风险。

"亿农贷"产品通过亿联银行自主研发的线上贷款系统进行展业,农户在手机App上完成贷款申请、审批、放款、还款等一系列操作。农户在线上提交贷款申请后,系统会进行模型化自动授信审批,审批结果可秒级获取,全程零人工干预,最快三小时内获得贷款。农村地区缺少银行实体网点,农户在传统银行申请贷款最少需要两次去乡镇或者县域办理业务,手续繁琐办理不便。在这样的困难情况下,"亿农贷"的推出极大地提高了吉林省农户贷款的贷款效率,有效地解决了传统农村金融贷款效率低的问题。

(三)消费金融业务:"亿联易贷"

2018年7月,亿联银行推出首款纯信用线上消费贷款产品"亿联易贷",该产品采取白名单准入制度,包含与美团、京东、度小满等头部流量平台的合

---

① 吉林亿联银行2019年社会责任报告
② 中国电子银行网.亿联银行:亿农贷[EB/OL].https://www.CEBnet.com.cn/20190731/102590474.html,2019-7-31.

作贷款，为C端长尾客群提供触手可得的贷款服务。① 截至2019年年底，亿联易贷余额达197.3亿元，主要针对国内经济较为活跃地区（广东、山东、江苏、浙江、河南等）的35岁以下年轻客户，具有小额（笔均约2 600元）、高频、期限短（12期以内，平均用信周期不超过9期）、线上申请、秒级审批、随借随还、按日计息等特征。

四、以科技手段驱动业务发展

亿联银行于2019年获得国家级高新技术企业的认定，是全国第四家具有国家高新技术企业资质的银行机构。亿联银行采用"创意培育、快速孵化、成果迭代"的创新机制②，成立以来快速壮大科技人员队伍、提升科技实力，取得了较多的科研专利成果。截至2019年年底，亿联银行申请专利38项、软件著作权55项，版权1项，在2018年全球金融机构专利数量排名35，银行管理体系也通过ISO质量和信息安全管理体系认证。

在科技金融的应用上，亿联银行围绕"科技驱动业务发展"价值观，以打造柔性信息科技战略为支撑，从资源柔性、系统柔性、研发柔性、运行柔性四个维度着手，不断提高数字化消费金融的支撑强度。一是打造具有AI+互联网基因的科技战队。二是建立"合规、易用、高效"的科技流程。三是突出科技与业务的联动效应。四是全面深入互联网化场景服务。

在基础建设方面，亿联银行建立了以私有云和分布式为基础的技术架构，通过构建跨地域多活微服务网络、线上线下一体化的全渠道综合业务体系、数据湖、人工智能引擎、DADeS风控安全体系等，在降低服务成本的同时，提升互联网金融产品服务质量和安全性。③ 亿联银行的分布式、微服务架构，能够通过降级、容错、熔断、限流等机制提升应用系统在面临业务量暴涨时的可用性。2019年11月，亿联银行在银行关键金融联机交易场景上线第三代分布式开源数据库，在关键数据自主可控方面具备了一定优势，为银行业在金融场景落

---

① 36氪.亿联银行行长张其广：互联网银行数字化进阶与逆周期生长[EB/OL].https://36kr.com/p/709028006664448,2020-05-16.
② 吉林亿联银行2019年年报
③ 资料来源：吉林亿联银行2019年年报。

地分布式开源数据库积累了经验。① 此外，为满足传统银行系统高规范、低风险的要求和互联网业务的多场景、高并发、高弹性需求，亿联银行研发推出统一支付+智能综合账户–亿账通系统。该系统通过API、SDK、H5等形式与具有交易场景的线上互联网平台对接，借助互联网平台为个人客户和小微企业提供账户、支付结算、收单清算等服务。为满足互联网业务多场景、高并发、高弹性的业务场景，亿金山一是通过统一支付功能集成了二代、银联、网联、超网等多个支付通道，实现了按支付成功率、回盘时间、交易费用、客户需求等多维度的智能路由、智能鉴权功能，并对全行支付协议按通道、渠道、场景、共享排他等多维度集中管理；二是剥离传统银行核心系统中核算、会计分录、总账等面向管理决策的功能，聚焦账户、客户功能，实现了平台、客户、账户、虚、实、总、分等多层级立体化的账户体系。

在渠道端应用方面，亿联银行将多种金融科技技术应用到身份识别和验证、业务安全、移动应用安全等方面，不断提升金融科技服务能力。建立反欺诈系统配合金融超市、互联网贷款、线上贷款以及多个行内重要业务系统开展对接工作，完成行内例如农贷、税贷在内的多个行内产品及场景的接入，支持业务扩张，反欺诈系统各方需求。

在人工智能技术方面，为满足对于银行自主掌控人工智能技术、并结合自身业务特点开放数据模型的需求，亿联银行开展了AI算法平台建设。该平台与百度合作搭建，实现了统一建模管理、特征工程、图形化建模、算法平台、模型应用服务等需求，为业务人员提供模型开发、管理、应用平台，实现全流程的模型管理，并与大数据平台等以机器学习和深度学习平台为核心，打造"亿联大脑"的基础设施，为亿联银行全行业务和服务智能化改造提供引擎。

在区块链底层技术平台搭建方面，亿联银行基于微众银行开源的FISCO BCOS和WeBASE区块链平台搭建了该行自身的区块链服务管理平台，具备区块链节点管理、合约管理、私钥管理、系统监控、账号管理等功能。此外，亿联银行作为初始会员加入了中钞区块链技术研究院与飞天诚信科技股份有限公司发起的分布式数字身份产业联盟（DIDA），共同探讨分布式数字身份的建设和应用。

---

① 资料来源：吉林亿联银行2019年企业社会责任书。

吸引激励科技人员方面，截至2020年7月31日，亿联银行正式员工共310人，外包人员543人。其中，科技人员有563人，科技人员占比66%。[①] 人才激励措施有：（1）薪酬策略：对标对象以国内领先互联网金融企业以及领先银行（含互联网银行）为主。动态的对薪酬区间进行检视，确保薪酬市场竞争力。（2）三大人才发展计划：启航计划、远航计划、领航计划。建立员工管理路线、专业路线双轨道职业发展通道，员工横向与纵向均等发展机会。（3）管培生专项培育机制，积极吸纳海内外重点高校学子。（4）员工轮岗：每年2次的员工轮岗，实现跨部门跨条线培养，进一步提升了员工队伍活力。（5）开展多种培训，持续"内培+外引"加速打造团队核心管理能力提升。（6）中长期激励政策，包括超额利润奖励、员工持股计划等。（7）提高福利，加强员工关怀。

五、建设全自动智能风控体系

亿联银行是一家数据驱动风险管理的银行。成立以来，稳步推进风险系统基础能力建设，完成了风险数据集市建设、决策引擎迁移、搭建统一额度管理系统等工作，夯实了金融科技对业务的支撑保障。亿联银行积极引入业内各类主流优质数据服务，建立了完备的三方数据池。从数据维度上看，涵盖包括信息核验、反欺诈、司法涉诉、大数据评分、黑名单、运营商数据等维度14个维度，200余个数据产品；从机构维度上看，亿联银行目前所采用的外部数据来源机构涵盖权威官方机构、个人征信试点机构、同业已验证的头部数据机构等多种类别。并建成了以"统一变量平台"系统和"智能路由"为基础的一整套的数据管理机制，在外部数据的基础上，对数据进行深入挖掘，构建了统一变量库，包括原始变量、常值变量、服务变量、衍生变量、结果变量、统计变量、关联变量7大模块，上万个变量，并在此基础上搭建了"亿联分"模型体系，实现了对客户的科学有效评估，为开展客户导流、深化渠道技术协作等各项业务开展、风险分析与决策提供支持。通过两年多的努力，亿联银行已基本完成全自动智能风控体系建设。

---

① 36氪.亿联银行行长张其广：互联网银行数字化进阶与逆周期生长[EB/OL].https://36kr.com/p/709028006664448,2020−05−16.

在防范信用风险方面，亿联银行严格进行贷款风险管理，健全风险分析与监测报告机制，涵盖模型、策略、资产质量等多维度，深入分析客户画像特征，监测客群风险偏移情况。

在防范欺诈风险方面，亿联银行建立统一的反欺诈监测和管理平台，实现对16类欺诈风险的有效防控等。此外，亿联银行通过采用先进的生物特征识别、网络数字签名、物理安全介质、电子印鉴、OCR等手段来确保客户交易和银行业务的安全运营。①

在移动安全方面，为了保障移动端应用程序安全，亿联银行采用移动端安全加固技术为对外提供服务的Android和iOS应用程序、H5、SDK等业务功能/模块进行安全加固，防御外部不法分子的攻击及破解行为。为了持续提升移动端应用安全性，建立覆盖开发、测试、上线前和上线后各阶段全方位的安全测试能力，采用源代码缺陷检测、交互式安全检测、渗透测试技术发现移动端应用程序安全漏洞，确保上线运行安全。

六、履行社会责任，扶持小微企业抗击疫情影响

2020年新冠肺炎疫情期间，亿联银行采取了多种让利措施，多渠道、多方位助力小微"三农"抗击疫情。一是积极响应国家支持小微企业复工复产相关政策，对受疫情影响严重、到期还款困难的小微企业，实施延期续贷、无还本续贷等措施。二是充分利用各类资金加大小微企业信贷投放力度，增加信用贷款和中长期贷款，优先受理受疫情影响的客户资金需求，运用央行再贷款专用资金，向小微主体发放贷款资金，支持小微企业复苏发展。三是降低小微企业综合融资成本，推出信贷优惠利率政策，客户贷款利率下浮比例达35%~50%。四是给予受疫情影响较大的批发零售、住宿餐饮、物流运输等行业信贷政策倾斜。②

现阶段，亿联银行主要以线上消费贷款业务为主要收入来源。未来，亿联

---

① 资料来源：吉林亿联银行2019年年报。
② 新浪财经.吉林亿联银行：受疫情影响严重的企业可展期或续贷[EB/OL].http://finance.sina.com.cn/roll/2020-02-12/doc-iimxxstf0872355.shtml,2020-02-11.

将在现有消费金融业务的基础上进一步发力线上小微金融业务，探索金融科技在线上小微业务的解决方案。并以亿账通账户体系作为切入点，提高对外合作的广度与深度，不断丰富业务及产品类型，探索拓展中间业务收入来源；同时在科技、风险、运营能力持续夯实的基础上，打造资产端和财富端金融服务智能连接器，为同业赋能，提供金融科技产品及解决方案。加强技术服务、咨询服务以及金融科技解决方案服务等方面的服务能力。

（本案例由大成企业研究院葛佳意根据公开材料及亿联银行在调研中提供的材料撰写。）

深耕温州本土，靠前高效服务
——温州民商银行

温州民商银行（以下简称"民商银行"）于2015年3月26日正式开业，是我国第一家正式对外营业的民营银行。秉承立足温州，服务当地小微企业的理念，定位于为温州区域的小微企业、个体工商户和小区居民、县域"三农"提供普惠金融服务，发挥决策灵敏、机制灵活、效率高、适应性强的优势，着眼于助力小微、服务"三农"、扎根社区，以产业链金融为特色，开发适合温商需求的产品，打造便捷高效的信贷文化，为实体经济发展提供高效和差异化的金融服务。

一、基本情况

民商银行注册资金20亿元，由13家优质民营企业共同发起，其中正泰集团股份有限公司和浙江华峰氨纶股份有限公司两家主发起人分别持股29%和20%，其余11家股东由森马集团、奥康鞋业等温州本地行业龙头企业组成，共计占51%的股份，涉及电器、氨纶、鞋服、光纤、复合材料、机械等产业（见表1）。

民商银行设董事会和监事会，董事会成员11名，其中董事长1名，独立董事3名，股东董事6名，执行董事1名。监事会由6名监事组成，其中监事长1名，外部监事1名，股东监事2名，职工监事2名。现任董事长陈筱敏、行长侯念东。

（一）资产及负债情况[①]

截至2019年年底，民商银行总资产167.86亿元，同比增长24%，净资产24.82亿元，负债总额143.03亿元（见表2）。

---

① 温州民商银行.2019年年度报告。

表1　股本结构及股东情况

股东名称	出资额（亿元）	股份比例（%）
正泰集团股份有限公司	5.8	29
浙江华峰氨纶股份有限公司	4	20
森马集团有限公司	1.98	9.9
浙江奥康鞋业股份有限公司	1.98	9.9
浙江力天房地产开发有限公司	1.98	9.9
浙江富通科技集团有限公司	1.98	9.9
华五电气有限公司	0.64	3.2
温州宏丰电工合金股份有限公司	0.5	2.5
常安集团有限公司	0.3	1.5
浙江东华电器股份有限公司	0.3	1.5
浙江长城搅拌设备股份有限公司	0.2	1
温州市三和机械有限公司	0.2	1
浙江中安精工股份有限公司	0.14	0.7
合计	20	100

注：数据源自温州民商银行官网，本节下同。

表2　2018—2019年民商银行资产负债主要情况

单位：元

项目	2019年	2018年
资产总计	16 785 810 932.71	13 515 236 279.03
其中：现金及存放中央银行款项	1 521 987 288.66	852 528 372.18
存放同业款项	1 786 411 097.68	1 992 878 460.67
应收利息	113 025 479.58	86 995 351.43
发放贷款和垫款	8 268 930 864.71	5 624 581 956.65
应收款项类投资	2 053 337 470.09	3 348 329 737.57
负债总计	14 303 320 237.15	11 197 344 220.79
其中：向中央银行借款	—	82 000 000.00
同业及其他金融机构存放款项	1 900 441 776.21	1 989 087 853.15
卖出回购金融资产款	1 052 100 000.00	—

续表

项目	2019年	2018年
吸收存款	8 795 035 542.43	6 908 956 225.23
股东权益合计	2 482 490 695.56	2 317 892 058.24

在资产端，各项贷款余额84.82亿元，同比增长47.03%，其中个人贷款8.85亿元，公司贷款71.59亿元。

在负债端，各项存款余额91.70亿元，同比增长29.17%，其中公司存款69.41亿元，个人存款22.29亿元（见表3）。

表3 民商银行经营数据与情况

单位：万元

项目	2019年	2018年	2017年
吸收存款	917 016.55	709 861.12	592 154.54
其中：个人存款	222 871.30	179 814.51	69 775.36
公司存款（含非银存款）	694 145.25	530 046.61	522 379.18
发放贷款	848 203.21	584 880.20	381 000.12
其中：个人贷款	88 454.10	55 789.00	31 899.49
公司贷款（含非银贷款）	715 875.95	529 091.20	349 100.63
票据贴现	43 873.16	0	0
同业资金融入	404 098.66	354 762.15	230 932.36
贷款损失准备	21 310.12	14 422.01	9 525.00

（二）营收及利润情况[1][2][3][4]

2019年，民商银行营业收入5.19亿元，同比增长35.33%，净利润2.15亿元，同比增长38.71%；同业负债40.41亿元；资本充足率17.31%，较年初下降0.95个百分点；净资产收益率ROE为8.94%；资产回报率ROA为1.42%，较年初上升0.15个百分点（见表4）。

---

[1] 温州民商银行.2019年年度报告.
[2] 温州民商银行.2018年年度报告.
[3] 温州民商银行.2017年年度报告.
[4] 温州民商银行.2016年年度报告.

表4　2016—2019年民商银行主要会计数据和财务指标

项目	2019年	2018年	2017年	2016年	2016—2019年年均增长率（%）
总资产（万元）	1 678 581.09	1 351 742.62	1 031 126.13	548 297.28	45.20%
负债总额（万元）	1 430 332.02	1 119 953.41	814 752.55	342 226.01	61.08%
营业收入（万元）	51 859.86	38 264.13	30 710.36	19 448.19	38.67%
净利润（万元）	21 459.86	15 470.49	10 255.98	5 052.54	61.95%
资产回报率（%）	1.42	1.30	1.30		
净资产收益率（%）	8.94	6.90	4.86	2.45	

注：资产回报率、年均增长率为大成课题组依据公开数据计算。

2016—2019年，民商银行的营业收入分别为1.94亿元、3.07亿元、3.83亿元、5.19亿元，净利润分别为0.51亿元、1.03亿元、1.54亿元、2.15亿元。四年间，民商银行的总资产、总负债、营收和净利润的年均增长率分别为：45.20%、61.08%、38.67%和61.95%，各项经营指标实现了稳步增长，成长性良好（见表4）。

（三）风险抵补能力和流动性水平

截至2019年年底，民商银行各项主要风险监管指标达到监管要求，保持良好状态。流动性比例48.59%，较年初下降23.41个百分点；资本充足率17.31%，较年初下降0.96个百分点；拨备覆盖率8 653.50%，较上年下降了23.41个百分点；不良贷款率0.03%（见表5）。

表5　民商银行主要监管指标

指标	2019年	2018年
流动性比例	48.59%	72%
资本充足率	17.31%	18.27%
存贷比	96.50%	82.31%
拨备覆盖率	8 653.50%	∞
不良贷款率	0.03%	0

（四）客户结构

截至2019年年底，民商银行客户共计43 254户；其中个人客户数41 789户，占比96.61%，存款余额22.89亿元；企业客户1 465户，占比3.39%，存款余额86.65亿元；客户规模结构主要以小微企业、小微企业主、个体工商户为主，贷款客户5 763户，占比96.4%，贷款余额68.15亿元，占比80.3%；企业客户所属行业主要以制造业、建筑业、批发零售业为主，贷款余额分别为17.16亿元、6.62亿元、20.3亿元，分别占比23.77%、9.16%、28.11%；客群地域主要分布在温州市内经开区、县域区域。企业客户所有制结构主要以有限责任公司、股份有限公司、私营企业为主，贷款余额62.96亿元，占比87.17%。

二、发挥民营机制，因地制宜创新经营模式

温州企业中99.5%是民营企业，97%是中小微企业。小微企业在支持温州经济增长、改善经济结构、促进社会稳定、缓解就业压力等方面发挥着重要作用。做好小微企业金融服务，既是国家设立温州民商银行的初衷，更是温州民商银行自身谋求科学发展、承担社会责任的内在需求。

民商银行根据温州经济发展的特点，在经营过程中，通过发挥体制灵活优势，实现多方共赢发展；利用股东平台资源，开发出上下游产业链融资业务；完善科技信息支撑，利用互联网技术促进业务发展；创新产品和服务，打造出灵活高效品牌；专注"随时随地随心"需求，助力客户提升价值。

（一）背靠核心企业，立足批量营销

针对民商银行网点单一及温州当地民营小微企业分布广、自身经营规模小较、抗风险能力弱、信息不对称等特点，该行逐步探索建立"一带一群、一带一圈、一带一链"的"三带"特色化经营模式。"三带"模式就是借助产业群开发商、商业圈管理方、供应链核心企业的信息优势，通过以点带面牵动群、圈、链内的一批小微企业，为其提供信贷、结算等一揽子批量化金融服务。借力"三带"模式，有助于该行深入挖掘客户的综合金融需求，全面有效提升业务服务效率，弥补现有单一物理网点且人员基数不大的劣势，从而达到降低业

务拓展成本、提高综合收益的目的。依托"三带"模式，有助于该行通过背靠核心企业多渠道收集更多的客户资料信息，通过相互交叉验证，增加业务风控的透明度，改变以往较为单一的信息获取途径，更能较好把控信贷风险，提高信贷资产质量。

小微企业贷款额低、利润少、风险大，如果靠信贷员挨家挨户找小微企业，这种零敲碎打的模式，不但成本高，而且效率低下。在实践中，民商银行探索出了独具特色的批量营销模式。温州的小微企业园区很多，2016年时就有100家左右，基本上都是民营企业开发的，也是温州商业地产向工业地产转型的代表。民商银行通过与小微企业园区的开发商深度合作，给有需要的开发商提供贷款。由于他们既是开发商也是园区的管理方，对园区内的企业非常了解，便于帮助民商银行筛选企业、把控风险，并大大提高批量营销的效率。

（二）深挖本地市场，主动靠前服务

在日常经营过程中，民商银行充分利用民营银行的机制优势、充分运用一级法人的决策和管理优势。民营银行具有来自民间、熟悉民企、贴近民众的特点，该行始终坚持"助力小微、服务实体"的创行宗旨，针对温州小微企业数量多、融资难的特点，深入挖掘原先覆盖不到、服务不好的金融需求，做深、做精、做透本土市场。如在传统房产抵押市场之外，创新综合运营权抵押贷款等方式，充分挖掘、盘活小微企业主资产，拓宽担保方式，开辟了新的业务增长点。又如，以潜力巨大的不动产顺位抵押为切入点，充分发挥企业抵押物剩余价值，拓宽企业融资渠道，加大金融支持力度。

同时，通过聚焦调查要点、优化审批流程、减少审批环节等措施，做到限时调查、审批、放款，实行主动上门面签合同，提供移动金融靠前服务，有效缩短业务办理链条，为普惠金融领域客户提供全方位金融服务。

（三）制定"三张清单"，推行"三不理念"，提高服务质量和效率

在保融资畅通方面，民商银行制定了配套政策和"三张清单"。配套政策包括：《温州民商银行授权管理办法》《民营企业授信尽职免责管理办法》、《小微企业授信尽职免责管理办法》等，"三张清单"分别是授权清单、尽职

免责清单和授信清单。

授信清单中明确了四个方面：一是业务办理期限"减时间"，在资料齐全、手续完备的前提下，贷款申请、调查流程不超过3个工作日办结，贷款审批流程不超过3个工作日办结，贷款发放流程不超过1个工作日办结。二是业务办理要求"减材料"，明确原则上办贷所需材料压缩至6份资料以内，企业类贷款借款人所需资料压缩至9份资料以内。三是业务办理流程"减环节"，充分发挥民营银行"机制灵活、决策高效、流程简便"的优势，办理环节压缩至3个环节。四是限时答复要求，个人客户100万元（含）以下贷款1个工作日内回复，100万元以上贷款2个工作日内回复；企业客户500万元（含）以下贷款2个工作日回复，企业客户500万以上贷款3个工作日回复。

民商银行推行"三不"金融服务理念，即客户不折腾、费用不收取、审批不等待。充分运用民营银行机制活的优势，在风险可控的前提下，通过聚焦调查要点、优化审批流程等措施，减少审批环节，做到限时调查、审批、放款。在办理信贷业务过程中，银行工作人员主动上门、靠前服务，为客户提供个性化、便捷高效的金融服务，大大节省了客户时间。同时向客户承诺，除贷款利息支出外，不再收取任何与贷款相关的额外费用，真正做到"无产品捆绑搭售、无额外费用支出"，收费标准公开透明，让客户对融资成本放心、安心，切实解决小微企业融资贵问题[1]。

（四）发挥"地头熟""信息畅"的比较优势

民商银行的资本来自于温州当地民间企业，13家股东单位拥有上万家上下游企业，民商银行充分发挥地头熟和人头熟的优势，比较容易克服信息不对称和因信息不充分而导致的高交易成本这一金融服务的关键障碍。同时，由于该行的市场定位主要是服务中小微企业，通过激烈的市场竞争环境，而采取与传统银行错位竞争的方式，将大量的精力和时间投入到对目标企业的信息搜集中。通过不断的创新和经验积累，逐步降低了信息获取成本，这方面与当地大型银行相比具有显著的对比优势[2]（见图1）。

---

[1] 侯念东. 立足本土，助力小微企业发展业务创新[J]. 金融电子化，2017年01期.
[2] 王刚. 中国民营银行发展与监管研究[M]. 北京：经济管理出版社，2018.

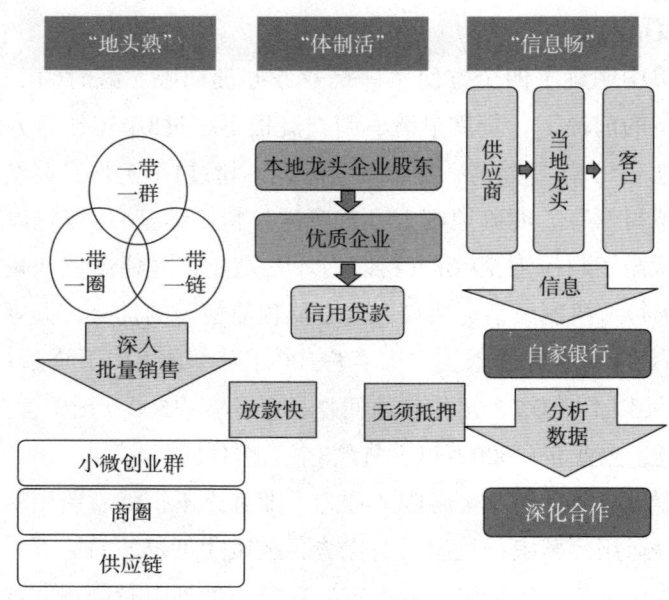

图1　温州民商银行业务特点及优势

三、创新特色产品，为小微客户提供量身定做的金融服务

民商银行自成立以来，敏锐把握温州当地市场契机，依托传统的线下展业模式，将"产业群、商业圈、供应链"作为主要目标客户，以一点（即核心企业）带动群、圈、链内的一批小微企业，建立了具有自身特色的"一带一群、一带一圈、一带一链"的"三带"系列产品经营服务模式。

根据小微企业的特殊需求，量身定制金融产品，提供一站式、系统化金融解决方案。民商银行先后推出"旺业贷""旺商贷""商人贷""益商贷""税贷通"等十几款金融产品。其中"旺商贷""商人贷"是针对温州小微企业"无物可押、无人愿保"的实际情况，摒弃传统银行抵押为王的做法，充分利用企业现金流量跟踪、企业信用行为轨迹、贷款用途控制等多种创新方式突破担保瓶颈，为其发放以信用为主的组合担保贷款，解决小微企业融资难问题。"旺业贷"是针对产业群的工业厂房按揭贷款，"阳光贷"是针对供应链的绿色金融贷款系列产品之一。

(一)"一带一群"产品

以"一带一群"小微工业园区金融服务为例,在小微园发展前期,各家银行均没有开办园区厂房按揭贷款业务,由于购置园区厂房投入资金较大,许多小微企业望而却步。民商银行针对性采取解决措施和金融服务方案,满足园区关键性融资需求,依托"三带"模式,该行细分"小微工业园的开发商、入园的小微企业、入园企业上下游供应链"三个层次目标客户群体,以"1"个核心园区开发企业带动园区内的"N"个小微企业延伸至入园小微企业的"M"个上下游企业,构建"1+N+M"组合贷信贷模式,即以项目开发贷对小微园区开发进行支持、以工业厂房按揭贷配以流动资金贷款对入园小微企业进行支持、同时对入园小微企业的上下游提供延伸金融服务,通过以点带面、跑马圈地、精耕细作加大对民营小微客户的信贷支持。而后,该行还通过不断完善适用园区企业发展的信贷管理机制,提高对小微园金融支持的力度,如突破按揭贷款期限最长延长至15年,探索"信用贷款+"模式,充分挖掘厂房抵押余值提供信用贷款,引入担保公司或保险等增信措施,支持企业技术改造升级等。截至2020年6月末,该行已与万洋小微园、贝诺激光小微园、圣诺小微园等29个小微园区建立信贷合作关系,向入园小微企业提供金融支持,贷款余额合计20.21亿元,占总贷款余额的19.64%。

代表性产品"旺业贷"是一种工业厂房按揭贷款,向符合条件的借款人发放的用于向开发商购买新建通用厂房或向其他主体购买二手通用厂房,并将该厂房抵押给该行,在贷款期内分期还款的信贷产品。服务对象是小微企业或小微企业主。民商银行根据企业实际情况,对厂房按揭贷款和信用方式流贷进行灵活组合。组合资金额最高可达厂房价值的100%,让企业在购置厂房的同时解决流动资金问题,实现融资一步到位、无缝对接。截至2020年6月末,"旺业贷"贷款累计金额3.22亿元,累计笔数179笔。

(二)"一带一链"产品

以"一带一链"供应链金融业务为例,初期以正泰、华峰、森马等股东单位为试点探索供应链金融,借助金融科技尝试供应链下游订单融资业务,在传统供应链业务的基础上进一步延伸发力,目前已与泰易嘉博等平台建立数据互通纽带，其下游采购商可通过在线上采购产品实现订单融资，对方系统将订单及客户信息推送给民商银行系统，该行根据客户需求和实际情况给予授信，授信成功后，客户在平台结算时，可用授信额度内的金额进行支付，自主用信、随借随还，额度循环使用，减轻客户资金压力，也为本行积淀批量客户，此种模式可有效控制风险、减轻营销成本。截至2020年6月末，贷款余额合计11.31亿元。截至2019年年末，贷款余额合计10.38亿元。

代表性产品"阳光贷"是民商银行结合供应链金融市场定位，依托股东正泰电器等核心企业地位，以农户、小微企业为主要服务对象，紧紧围绕"普惠金融""绿色金融"两大金融服务领域的特色信贷产品，被温州市银行业协会评为"服务小微企业优秀金融产品"。截至2020年6月末，"阳光贷"贷款累计金额4.83亿元，累计笔数4462笔，上半年收入1 418万元；供应链金融贷款（含阳光贷）累计金额7.44亿元，累计笔数5 625笔。

（三）"一带一圈"产品

以"一带一圈"商圈金融服务业务为例，民商银行在成熟商圈也同样实行"1+N+M"信贷模式，即对商业市场开发商进行信贷支持、以商铺按揭贷配以流动资金周转贷款对商圈内商户进行信贷支持、以个人经营性贷对商户的股东高管进行信贷支持，并配套提供商户收单结算等服务。截至2020年6月末，该行已与水果批发市场、南虹广场等12个商圈建立业务合作关系，同时向商圈内454家商户提供金融支持，贷款余额合计6.67亿元。

四、构筑特色风控体系，强化风险管理

（一）强化信用风险管理，构筑特色风控体系

1. 以"制度先行"为风控理念，不断完善相关管理办法，开展"三稳、三问"贷前准入，"二、三、四、五法"动态管理，即"双线"贷后检查，"三色"信号预警，"四表"关联核查，"五网"并行联查为核心价值的风控管理体系。

民商银行以三稳（家庭稳固、经营稳定、投资稳健）、三问（问人品、问流量、问用途）为贷款决策重要依据，构筑风险防范屏障。针对温州的小微企业一般都是"夫妻店"，企业与家庭的财务并没有真正隔离的情况，民商银行因地制宜推出了"三稳、三问"的信贷准入标准。同时，建立企业现金流量跟踪、信用行为轨迹预判、贷款用途控制等多种风险控制模式，改变以往"走过、看过，就调查过"的传统调查模式，打破"以抵定贷"规则；只需要符合"三稳""三问"标准，信用良好，无须抵押和担保，就可以提供200万元以下的纯信用贷款[①]。坚持业务经办人员和信贷管理人员双条线贷后检查原则，确保贷后检查的独立性和客观性，避免流于形式，做到风险"早预警、早控制、早化解"。

2. 以"定位"为导向，依托"三带"模式，实现融资风险"可视化"。凭借"三带"核心企业的资信实力及信息优势，通过核心企业提供的各种信息和数据对客户群体存在的融资风险进行"可视化"判断，发挥其风险过滤、信息反馈和动态监测价值，有效降低信用风险水平。

3. 以"分类"为抓手，做实信贷资产质量。建立信用风险检查常态化工作机制，强化对资产分类偏离度的检查工作，将监督和检查结果与业务授权管理、资产分类标准制定、信用风险限额、责任认定有效衔接挂钩，提升信用风险管理水平，提高资产分类质量，真实全面反映银行信贷资产质量。

4. 以"监测"为手段，及时化解风险隐患。把"数据体现价值、信息服务前端"的理念贯穿于日常风险监测工作中，对于潜在风险较为突出的行业积极开展实地调研和风险处置，研究并调整风险政策，制定专项风险化解方案，为优化信贷资源配置、创新信贷产品要素设计、完善风险识别方法和准入标准、丰富不良贷款清收与盘活手段等措施落地提供支持和保障，积极促进风险的化解。

5. 以"科技"为引领，防范系统操作风险。整合内外部客户负面信息，建立信贷系统黑名单数据库，实现黑名单客户的动态管理。通过系统后台设置，实施授信额度项下用信金额、期限、利率等信贷要素的刚性控制。

---

① 新浪财经.温州民商银行行长：民营银行破局需在机制上做文章[EB/OL]. 2019-05-06.

6. 以"队伍"为核心，夯实风险管理基础。编制信贷管理手册，建立了前台防控、中台管控、后台监控合力履职的管理体系。

（二）防范流动性风险，加强对风险识别、计量、监测和控制

1. 加强制度建设。民商银行针对流动性风险管理先后发布了《温州民商银行流动性风险管理办法》《温州民商银行流动性应急计划管理办法》等制度文件。

2. 建立了流动性风险管理治理结构。明确了相关人员及相关部门在流动性风险管理中应履行的管理职能及报告路线。

3. 明确了流动性风险管理策略、政策和程序。

4. 建立了流动性风险识别、计量、监测和控制手段。

5. 落实日间流动性风险管理。一是落实资金头寸日常管理与监测控制；二是建立头寸报备限额管理；三是落实应急支持措施。

6. 完善并开展流动性压力测试，以确保银行具备良好的流动性风险抗压能力。

7. 制订应急计划，成立流动性应急处理小组，负责突发流动性风险事件的组织、协调和处置工作。

五、疫情发生后，扶持小微企业的金融举措

自新冠肺炎疫情发生以来，民商银行履行社会责任，坚决落实中央的部署，制定有针对性、具体化的扶持企业措施，全方位确保金融服务顺畅。

一是开辟绿色信贷通道。对参与疫情防控的医疗机构、生产企业安排专项信贷额度3亿元，量身定制专项金融服务方案；综合运用新增授信、中期流贷、免担保等方式，全力保障药品和医疗物资供给；对疫情影响正常经营、暂时遇到困难的企业，通过无还本续贷、信贷重组、减免逾期利息等方式予以全力支持，坚决不抽贷、不断贷、不压贷；对受疫情影响暂时失去收入来源的个人客户，灵活调整还款安排，合理延后还款期限。

二是开辟便利结算渠道。为让捐款资金第一时间驰援疫区，民商银行客服热线开通全天候在线服务；自助设备、网上银行、手机银行等线上渠道7×24

运行顺畅；倡导客户使用高效便捷的离柜服务，减少不必要的人群接触；并一律免收企业、个人转账汇款手续费。

三是开辟自助产品投放。为减少人群接触，规避病疫交叉传染风险，通过开放卡易贷等自主用信、随借随还自助产品，结合微信、视频、邮件、传真等方式收集信贷资料，让客户足不出户就能获得金融服务。

四是开辟征信"保护"新政。对参加疫情防控的医护人员、政府工作人员及受疫情影响暂时失去收入来源的人员，疫情期间个人贷款发生逾期的，可延长还款期限，并且不视为违约。

五是开辟安全金融服务。疫情期间，民商银行在做好自身疫情防护的基础上，为确保金融业务不间断运行，及时调整网点营业时间，积极做好客户宣传告知工作，落实值班巡查制度，保障各渠道正常运行，确保金融服务顺畅。

（本案例由大成企业研究院张丽华根据公开材料及民商银行在调研中提供的材料撰写。）

后 记

"我国民营银行发展情况调查研究"是北京大成企业研究院2020年度开展的重要研究课题。为摸清民营银行的基本情况，总结经验，发现问题，促进民营银行实现高质量和高水平发展，大成企业研究院本着从实际出发、注重实践、尊重创新的原则，在全国工商联智库的支持和指导下，于战疫防疫之年，对民营银行发展情况进行了一次调研。课题组先后对深圳前海微众银行、浙江网商银行、重庆富民银行等9家民营银行进行了线上访谈，1家银行线下文字访谈，多家银行的董事长、行长、副行长等高管参与了访谈。通过调研，课题组对当前我国民营银行发展创新的总体情况有了比较深入的了解，掌握了大量第一手材料。在访谈的基础上，课题组还对有代表性、有特色的民营银行的发展战略、经营模式、金融科技发展等方面的情况进行了比较深入的考察，撰写完成了课题调研报告以及10篇民营银行案例。

深圳前海微众银行、浙江网商银行、重庆富民银行、温州民商银行、上海华瑞银行、吉林亿联银行、四川新网银行、武汉众邦银行、湖南三湘银行和江苏苏宁银行为课题研究给予了大力支持，并提出了宝贵的意见和建议，全国工商联智库对课题研究给予了重要帮助，在此深表感谢！

本书由北京大成企业研究院"我国民营银行发展情况调查研究"课题组撰写，大成企业研究院院长欧阳晓明为课题组组长，拟定全书思路并负责全书统稿。国务院参事谢伯阳、国务院发展研究中心金融所原所长张承惠参与课题研究并提供重要的思路和意见。

主报告由大成企业研究院徐鹏飞撰写。案例篇民营银行案例由大成企业研究院徐鹏飞、张丽华、葛佳意根据调研材料整理撰写。大成企业研究院赵征然、王红为课题研究提供了帮助和支持。